KB261399

한국어교실 엿보기

초급·중급을 위한

활동지

한국어교육열린연구회 저

KOREA **KF**
FOUNDATION

한국국제교류재단 문화센터 한국어교실 교재

천 성 옥

이화여자대학교 국제대학원 한국학과 한국어교육 석사

한글학회 외국인 한국어교원 연수 프로그램 한국문화 초청 강사

국립한경대학교 국제어학원 한국어 강사

현) 인덕대학교 국제어학원 한국어 강사

현) 한국국제교류재단 문화센터 한국어교실 팀장

저서 '셰프한국어'(중국판 출판)

　　　한국어능력시험(TOPIK) 대비서

　　　'한 번에 패스하기' 공동 집필(중국·일본판 출판)

정 미 진

가톨릭대학교 한국어교육학과 박사 과정

현) 법무부 사회통합프로그램 기본소양평가 구술시험관

현) 가톨릭대학교 한국어교육센터 결혼이민자 한국어교실 교사

현) 한국국제교류재단 문화센터 한국어교실 교사

1판　1쇄 2012년 1월　9일

1판 13쇄 2023년 5월 18일

글쓴이　한국어교육열린연구회

펴낸이　박민우

기획팀　송인성, 김선명, 김선호

편집팀　박우진, 김영주, 김정아, 최미라, 전혜련

관리팀　임선희, 정철호, 김성언, 권주련

펴낸곳　(주)도서출판 하우

주소　서울시 중랑구 망우로68길 48

전화　(02)922-7090

팩스　(02)922-7092

홈페이지　http://www.hawoo.co.kr

e-mail　hawoo@hawoo.co.kr

등록번호　제475호

값 8,000원

ISBN 978-89-7699-870-5

차례

교실 용어

첫 수업 때 오려서 사용하세요.

	여기를 보세요.
	잘 들으세요.
	따라 하세요.
	말하세요.
	쓰세요.
	읽으세요.
	손을 드세요.
	잘했어요.

은/는

자기소개를 해 보세요.

안녕하세요.
제 이름은 ___________이에요/예요.
저는 ___________ 사람이에요.
저는 <u>영어 선생님</u>이에요/예요.
만나서 반갑습니다.

안녕하세요.
제 이름은 ___________이에요/예요.
제 직업은 ___________이에요/예요.
___________ 사람이에요.
잘 부탁합니다.

디자이너	선생님	무용가
간호사	경찰	요리사
약사	운동선수	엔지니어
공인중개사	수의사	아나운서

친구 찾기

	나	친구
이름	로미오	줄리엣
나라		
직업		

	나	친구
이름	줄리엣	로미오
나라		
직업		

	나	친구
이름	슈렉	피오나
나라		
직업		

	나	친구
이름	피오나	슈렉
나라		
직업		

	나	친구
이름	이도령	춘향
나라		
직업		

	나	친구
이름	춘향	이도령
나라		
직업		

	나	친구
이름	톰	제리
나라		
직업		

	나	친구
이름	제리	톰
나라		
직업		

	나	친구
이름	흥부	놀부
나라		
직업		

	나	친구
이름	놀부	흥부
나라		
직업		

	나	친구
이름	미녀	야수
나라		
직업		

	나	친구
이름	야수	미녀
나라		
직업		

이에요/예요?

그림을 보고 말해 보세요.

가: 어느 나라 사람이에요?

나: 한국 사람이에요.

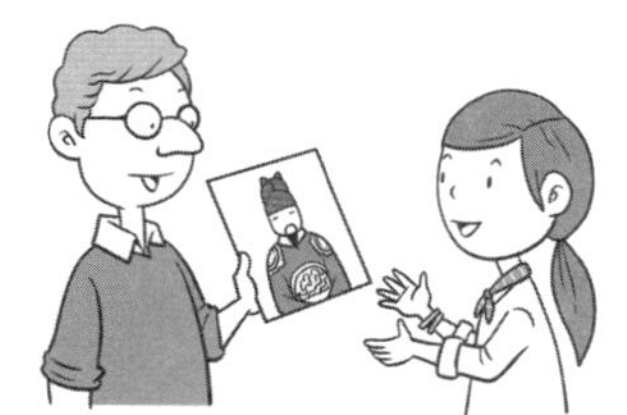

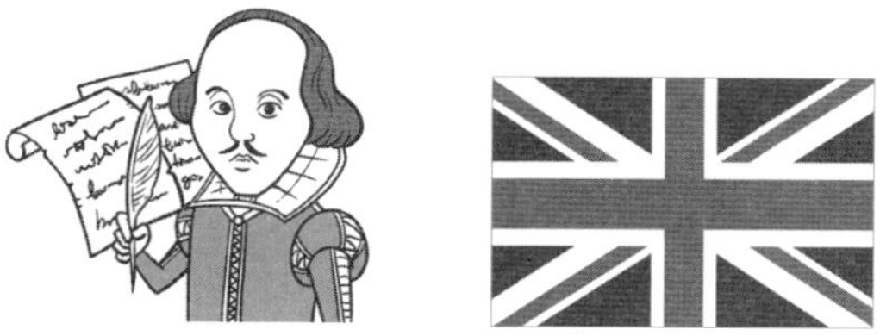

셰익스피어-영국

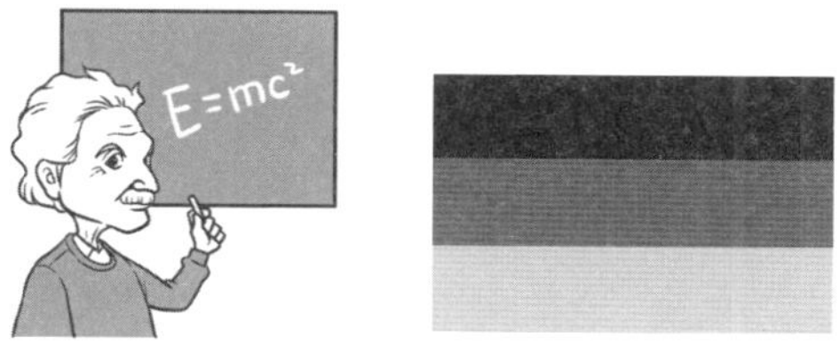

아인슈타인-독일

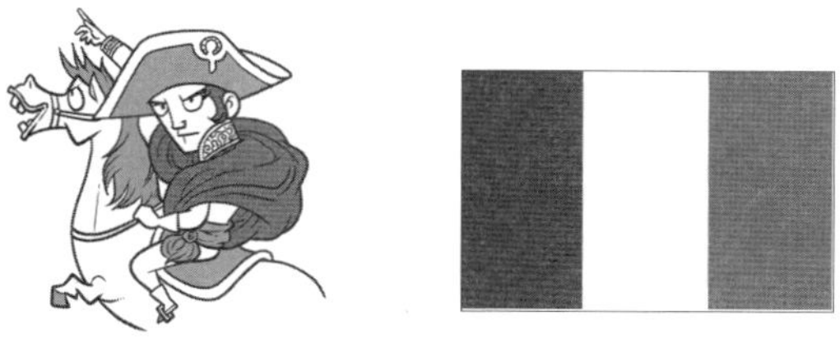

나폴레옹-프랑스

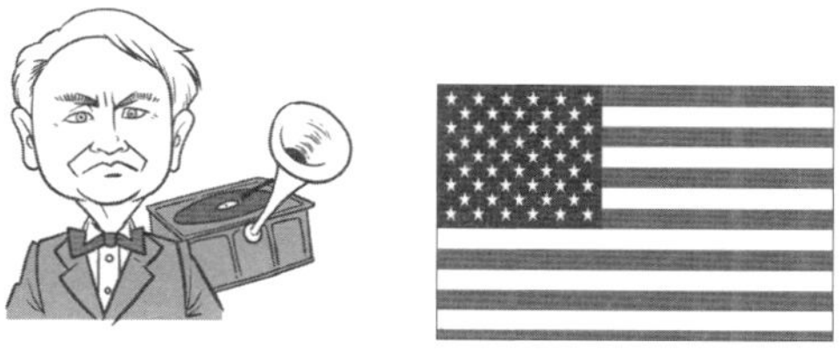

에디슨-미국

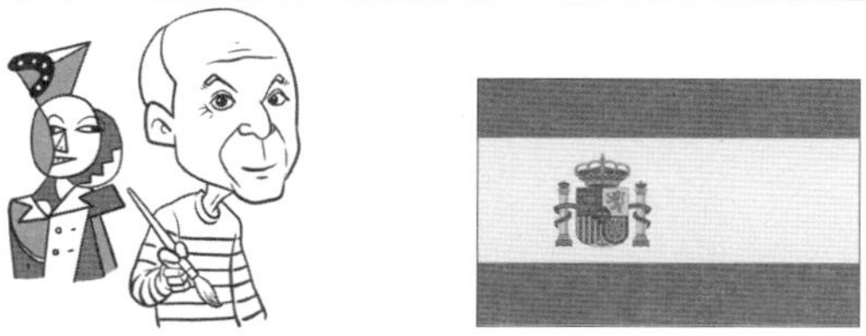

피카소-스페인

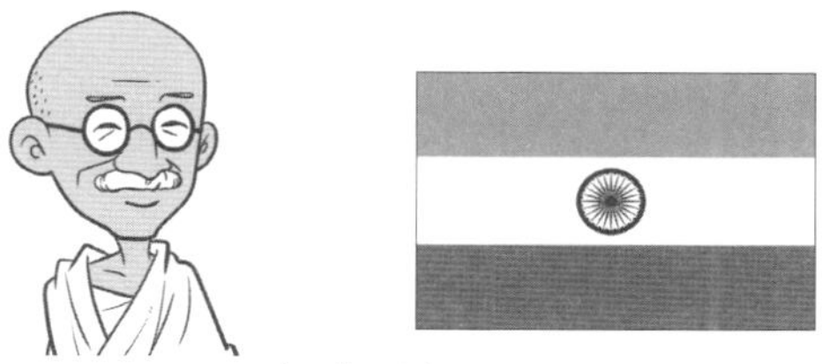

간디-인도

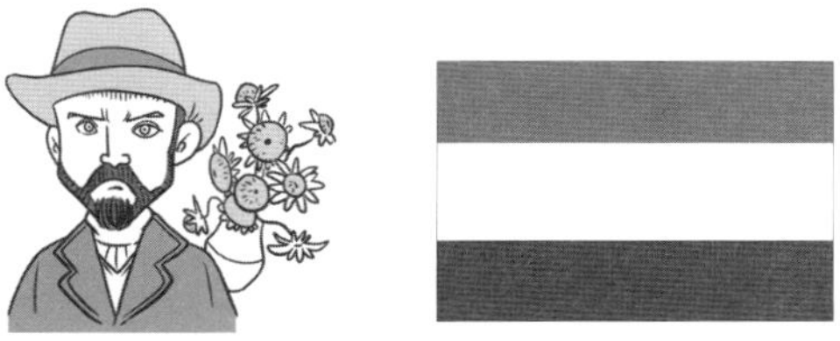

고흐-네덜란드

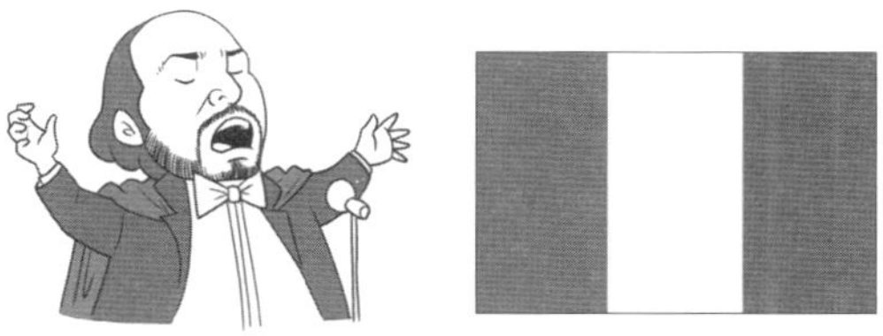

파바로티-이탈리아

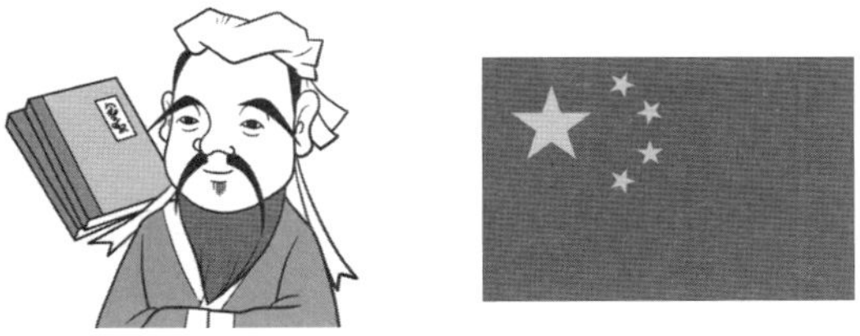

공자-중국

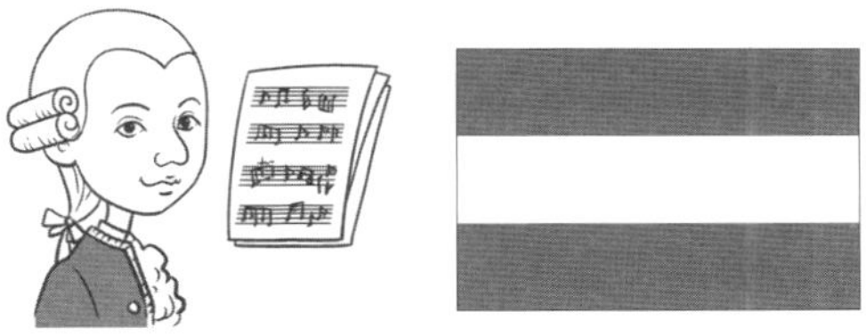

모차르트-오스트리아

–아/어요(하루 일과)

빙고 게임

다음에 제시된 동사를 빈칸에 쓰세요. 한 사람씩 돌아가면서 동사와 '–아/어요'를 함께 말하세요. 친구가 말한 동사를 내 빙고판에서 지우세요. 먼저 세 줄을 만드는 사람이 이기는 게임입니다.

가르치다	공부하다	마시다	만나다
먹다	배우다	보다	사다
씻다	운동하다	읽다	걷다
듣다	묻다	닫다	받다

을/를

보다	마시다	배우다	먹다	읽다

영화	텔레비전	사진	그림
커피	주스	우유	술
한국어	태권도	피아노	운전
밥	찌개	김치	빵
책	신문	편지	잡지

안, -아/어요

두 개의 그림을 보고 '안'과 '-아/어요'를 사용해서 말해 보세요.

날개 달기(무엇을 해요?)

그림을 보고 말해 보세요.

가: 무엇을 해요?

나: 밥을 먹어요.

이/가

친구가 무엇을 해요? '이/가'를 사용해서 말해 보세요.

마틴이 밥을 먹어요.

몇

전화번호가 몇 번이에요?

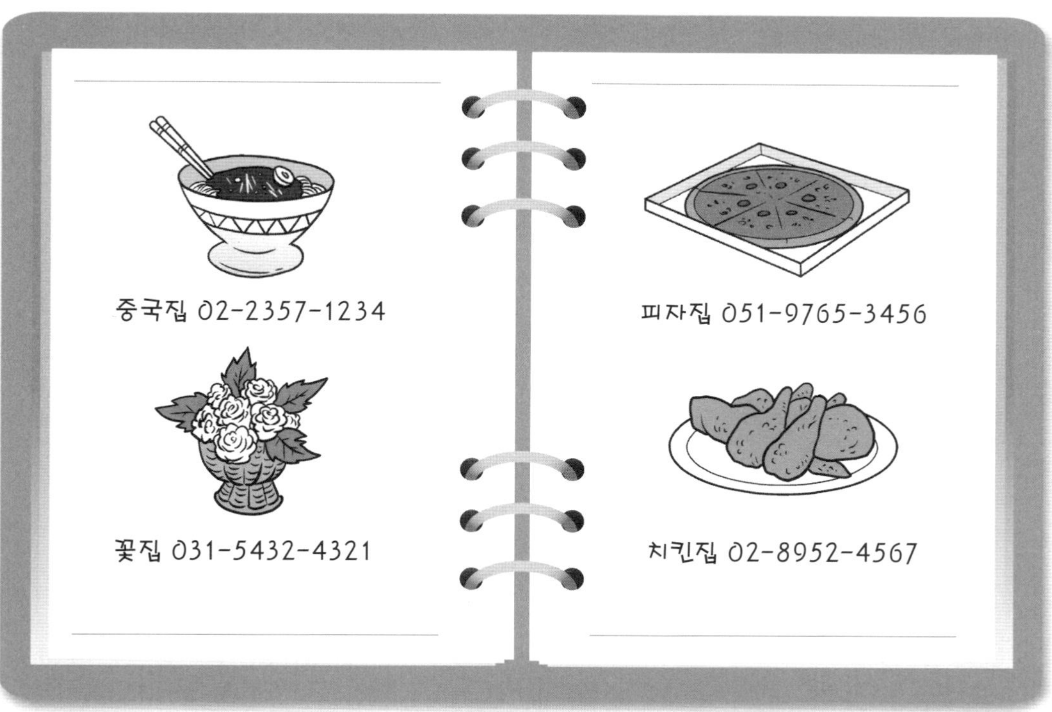

어린이날이 몇 월 며칠이에요? 달력을 보고 말해 보세요.

5월

May 2011

일	월	화	수	목	금	토
1	2	3	4	5 어린이날	6	7
8 어버이날	9	10 석가탄신일	11	12	13	14
15	16	17	18	19	20	21
22	23	24	25	26	27	28
29	30	31				

어린이날	5월 5일
어버이날	
석가탄신일	

에1

일주일 동안 무엇을 해요? '에'를 사용해서 이야기해 보세요.

월요일

가: 호민 씨, 월요일에 뭐 해요?

나: 저는 월요일에 한국어를 배워요.
유카 씨는 월요일에 뭐 해요?

가: 저는 월요일에 친구를 만나요.

나의 계획

일요일	월요일	화요일	수요일	목요일	금요일	토요일

친구의 계획

일요일	월요일	화요일	수요일	목요일	금요일	토요일

도와주세요! – 무엇을 해요?

일을 하다	기타를 배우다	친구를 만나다	저녁을 먹다
한국어를 배우다	영화를 보다	옷을 사다	운동을 하다
영어를 가르치다	책을 읽다	청소를 하다	술을 마시다

이/가 있다/없다

친구의 가방에 무엇이 있어요? '이/가 있다/없다'를 사용해서 이야기해 보세요.

있어요? 없어요?

모자가 있어요.   열쇠가 없어요.

휴대폰이 있어요.   지갑이 없어요.

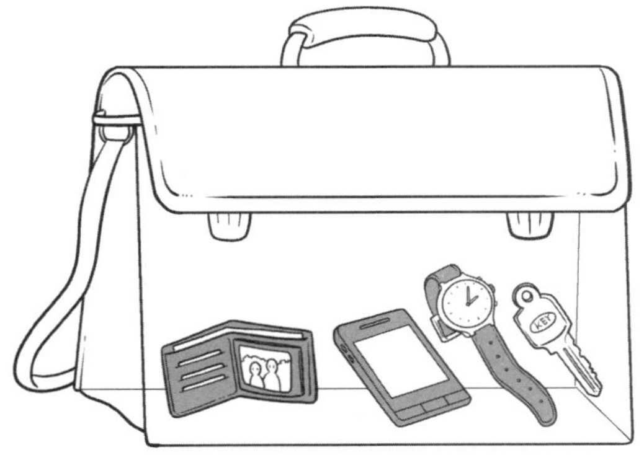

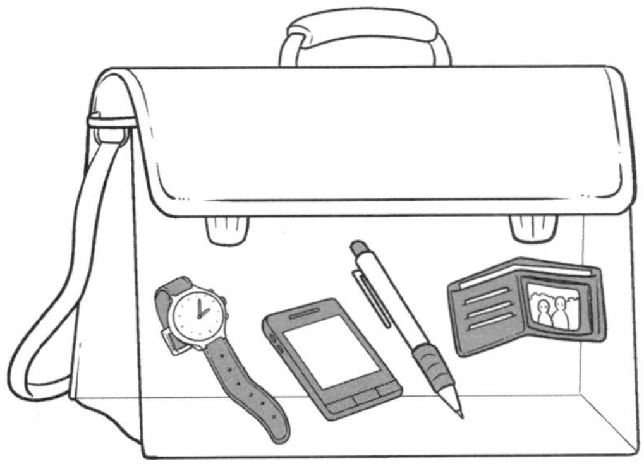

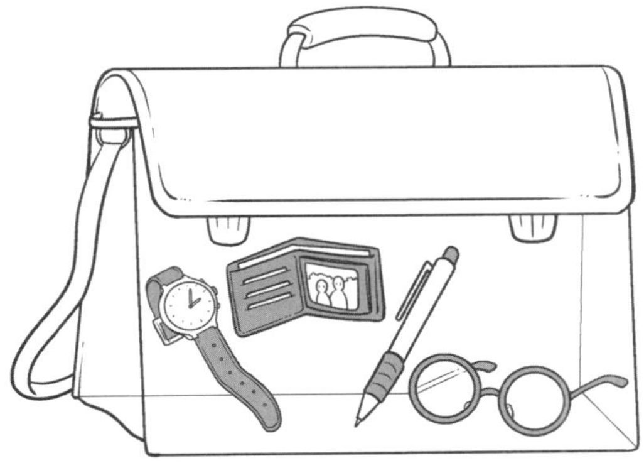

에 있다

친구들이 어디에 있어요? '에 있다'를 사용해서 이야기해 보세요.

가: 샤오진이 어디에 있어요?

나: 샤오진은 백화점에 있어요.

위치명사

방 안 물건이 어디에 있어요? '위치명사'를 사용해서 이야기해 보세요.

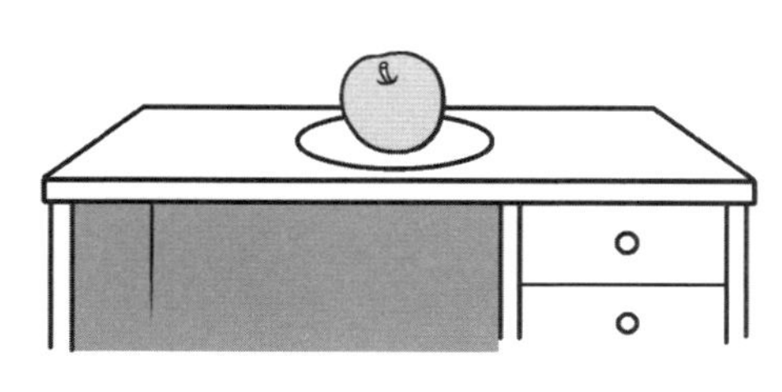

가: 사과가 어디에 있어요?

나: 사과가 책상 위에 있어요.

도와주세요! – '위, 아래, 앞, 뒤, 안, 밖, 옆, 사이'를 사용해서 말해 보세요.

책상	컴퓨터	휴대폰	가방
책상 옆			

볼펜	책	커피	책장

에서

사람들이 어디에서 무엇을 해요? '에서'를 사용해서 이야기해 보세요.

가: 지수 씨가 무엇을 해요?

나: 도서관에서 책을 읽어요.

부터 까지

오늘 무엇을 해요? 하루 일과표를 작성하고 '부터 까지'를 사용해서 이야기해 보세요.

가: 아침을 언제 먹어요?

나: 7시부터 7시 30분까지 먹어요.

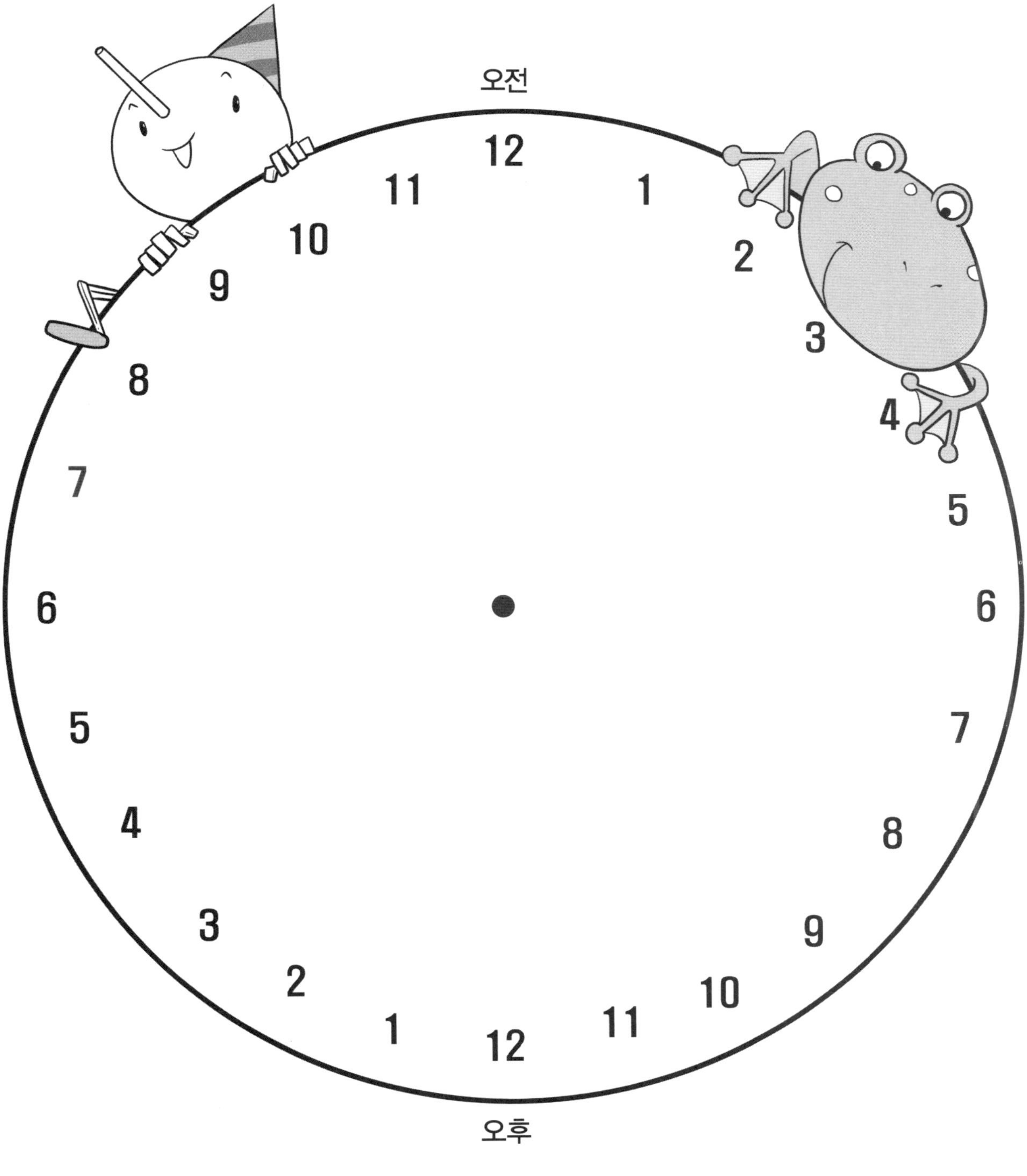

7:00~7:30

에 가다/오다1

어디에 가요? '에 가다'를 사용해서 이야기해 보세요.

바트		어디에 가요?	친구는 어디에 가요?
보기	학교	저는 학교에 가요	지수 씨는 도서관에 가요
1	식당		
2	극장		
3	병원		
4	회사		
5	교실		

에 가다/오다2

바트: 지수 씨, 어디에 가요?

지수: 저는 도서관에 가요.
바트 씨도 도서관에 가요?

바트: 아니요, 도서관에 안 가요.
저는 학교에 가요.

지수			어디에 가요?	친구는 어디에 가요?
보기		도서관	저는 도서관에 가요	바트 씨는 학교에 가요
1		집		
2		커피숍		
3		은행		
4		백화점		
5		편의점		

–고1

그림을 보고 '–고'를 사용해서 이야기해 보세요.

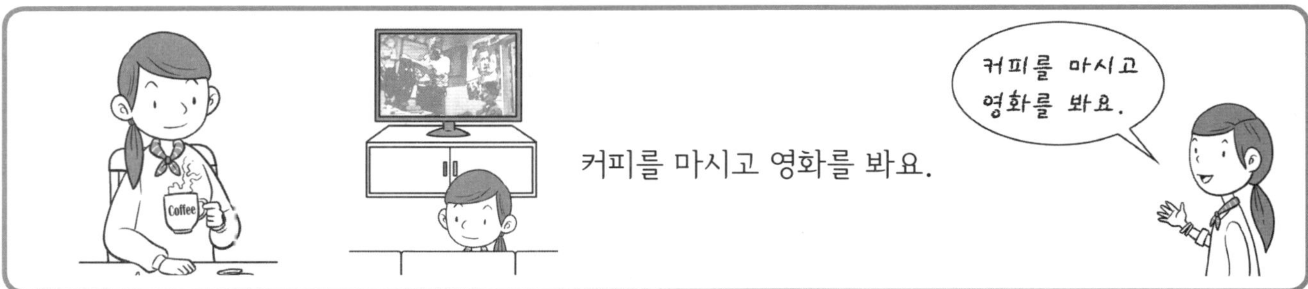

커피를 마시고 영화를 봐요.

단위명사

무엇이 있어요?
그림을 보고 무엇이 얼마나 있는지 '단위명사'를 사용해서 이야기하고 써 보세요.

가: 무엇이 있어요?
나: 사과가 있어요.
가: 사과가 몇 개 있어요?
나: 사과가 세 개 있어요.

 맥주 두 병

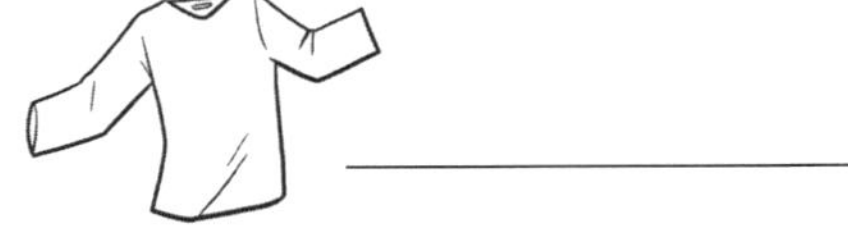

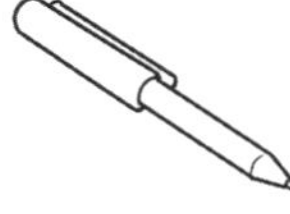

에2

친구에게 '에'를 사용해서 물건 값을 물어보세요.

가: 책 세 권에 얼마예요?
나: 책 세 권에 사만 오천 원이에요.

가

________원	15,000원	________원	890,000원
800원	________원	3,000원	________원
________원	3,200원	________원	1,200원
62,000원	________원	2,400원	________원

나

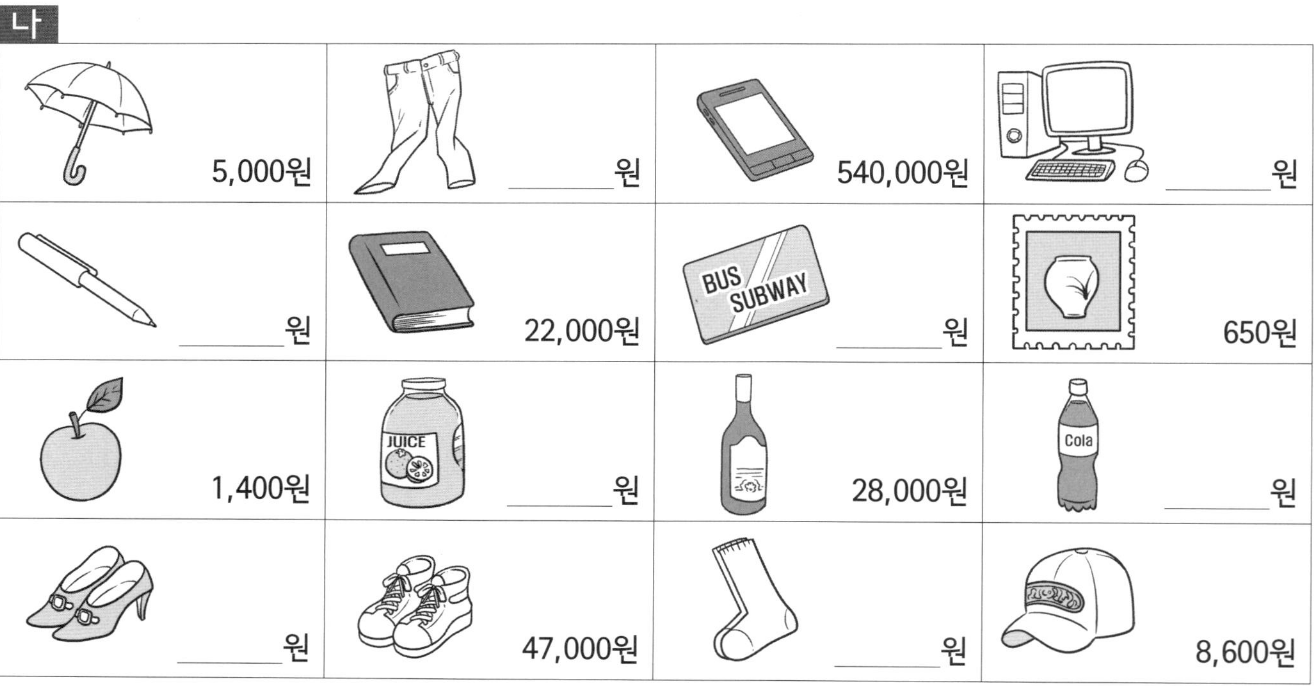

5,000원	________원	540,000원	________원
________원	22,000원	________원	650원
1,400원	________원	28,000원	________원
________원	47,000원	________원	8,600원

하고, 주세요

'하고'와 '주세요'를 사용해서 물건을 사 보세요.

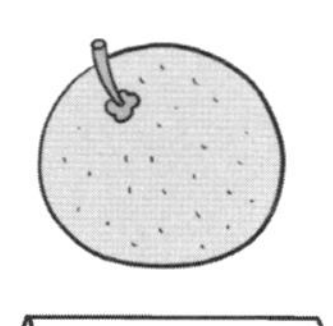

가: 이 사과 한 개에 얼마예요?

나: 500원이에요.

가: 저 오렌지는 한 개에 얼마예요?

나: 1000원이에요.

가: 사과 두 개하고 오렌지 네 개 주세요.

가

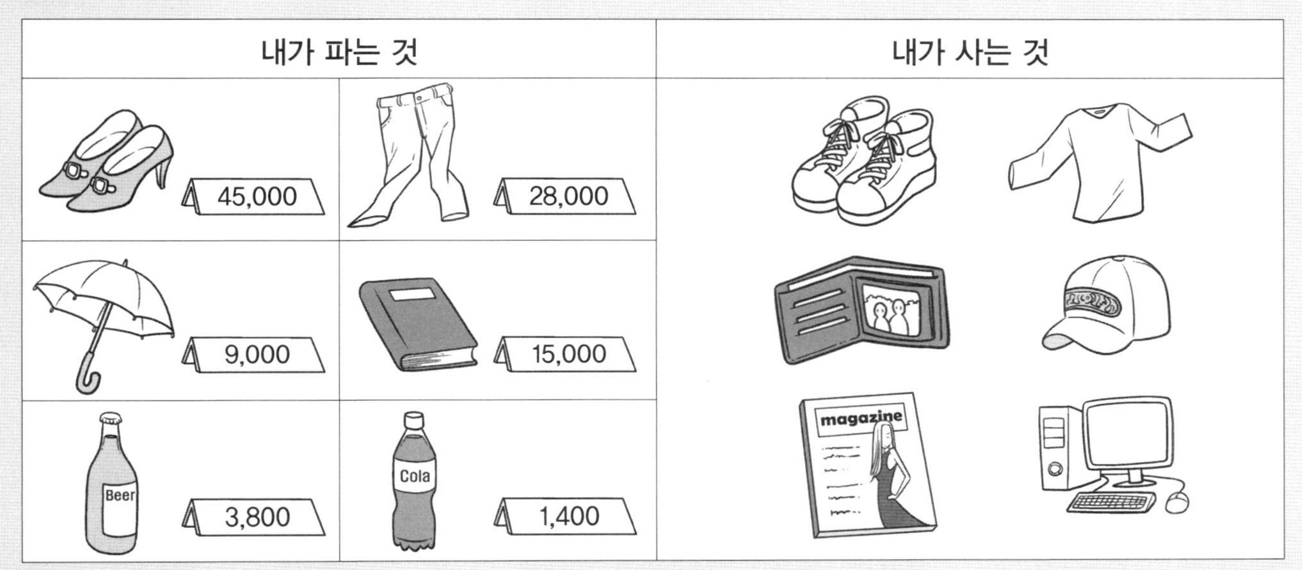

나

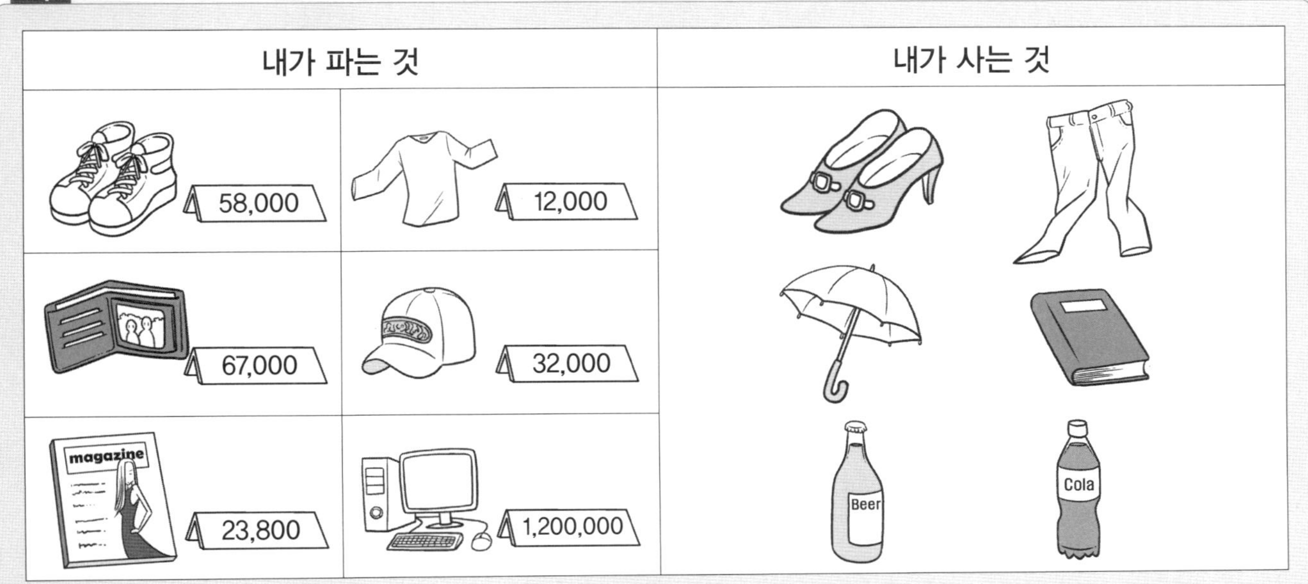

쇼핑하기

냉장고에 음식이 없어요. 할인 마트에서 음식을 사 와요.
돈은 5만 원이 있어요. 무엇을 샀는지 이야기해 보세요.

수박 1통 9,000원	감자 1개 400원	우유 1팩 1,500원
오렌지 1개 1,000원	당근 1개 500원	주스 1팩 2,000원
멜론 1개 5,000원	양파 5개 2,000원	맥주 1병 1,200원
참외 1개 800원	오이 4개 1,000원	생선 1마리 3,000원
포도 1송이 2,000원	호박 1개 1,000원	소시지 1개 1,000원
토마토 1개 500원	무 1개 2,000원	케이크 1조각 2,000원

-고2

예쁘다	친절하다
크다	싸다
맛있다	깨끗하다
넓다	높다
물건이 좋다	사람이 많다

–아/어서1

배가 아파서	병원에 가요.
밥을 많이 먹어서	배가 불러요.
영화가 재미있어서	두 번 봤어요.
비가 와서	외출을 안 해요.
교실이 추워서	창문을 닫아요.
시간이 없어서	택시를 타요.
길이 막혀서	지각을 했어요.
운동을 좋아해서	날마다 농구를 해요.
돈이 필요해서	아르바이트를 해요.
약속 시간에 늦어서	죄송합니다.
노래를 좋아해서	노래방에 자주 가요.
매운 음식을 좋아해서	떡볶이를 자주 먹어요.

빈도부사

매일(날마다)	자주	가끔	거의 안	전혀 안
5	4	3	2	1

질문	이름 _____________		이름 _____________	
	빈도부사	점수	빈도부사	점수
운동을 해요?				
친구를 만나요?				
샤워를 해요?				
편지를 써요?				
영화를 봐요?				
도서관에 가요?				
놀이 공원에 가요?				
백화점에서 쇼핑을 해요?				
미용실에 가요?				
마트에 가요?				
커피를 마셔요?				
술을 마셔요?				
한국 노래를 불러요?				
한국 음식을 먹어요?				
부모님께 전화를 해요?				
점수	합계		합계	

-을 거예요

옆 사람과 이야기해 보세요.

> ## 10년 후의 나
>
> · 어느 나라에서 살 거예요?
> · 어떤 집에 살 거예요?
> · 무슨 일을 할 거예요?
> · 누구와 결혼을 할 거예요?
> · 결혼을 하면 아이는 몇 명?

	나	____________씨

–아/어서2

그림을 보고 〈보기〉와 같이 이야기해 보세요.

-지만

	날씨가 덥지만
	비가 오지만
	몸이 아프지만
	여행을 가고 싶지만
	공부를 열심히 했지만

−지만

밥을 많이 먹었지만

한국어가 어렵지만

결혼을 하고 싶지만

쇼핑을 좋아하지만

내일이 시험이지만

-을까요?

제안하기

수락하기	거절하기
수업 후에 커피를 마실까요?	수업 후에 커피를 마실까요?
네, 좋아요.	미안해요.
같이 마셔요.	오늘은 바쁘니까 다음에 같이 해요.

–으러 가다/오다

________________에 ________________러 가요.

백화점	• 가방을 사다 • •
공원	• 산책을 하다 • •
도서관	• 책을 빌리다 • •
은행	• 돈을 찾다 • •
우체국	• 편지를 부치다 • •
편의점	• 컵라면을 사다 • •

-을 수 있다/없다

능력 알아보기

-을 수 있어요?	네, 잘해요	아니요, 못해요	보통이에요
한국어를 하다			
수영을 하다			
김치를 먹다			
피아노를 치다			
자전거를 타다			
운전을 하다			
스키를 타다			
그림을 그리다			
기타를 치다			
태권도를 하다			
한국어로 편지를 쓰다			
한국 노래를 부르다			
한국 음식을 만들다			
한국 신문을 읽다			

한국어를 할 수 있어요?

네, 잘해요. / 아니요, 못 해요. / 보통이에요.

–으세요

안녕히 가세요.

어서 오세요.

다녀오세요.

이쪽으로 오세요.

여기 앉으세요.

맛있게 드세요.

새해 복 많이 받으세요.

안녕히 계세요.

–으로

어느 쪽으로 가요?

__________으로 가요.

| 오른쪽 | 왼쪽 | 위쪽 | 아래쪽 |

어디로 가요?

__________(으)로 가요.

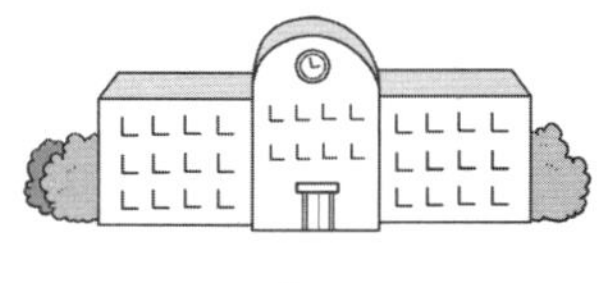

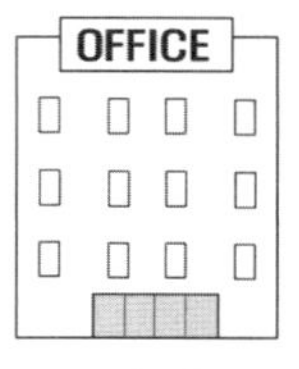

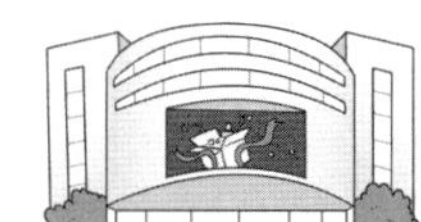

| 집 | 학교 | 회사 | 백화점 |

어디로 휴가 가요?

__________(으)로 가요.

| 산 | 바다 | 강 | 수영장 |

어디로 여행 가요?

__________(으)로 가요.

| 서울 | 제주도 | 일본 | 프랑스 |

–으면

 인터뷰하기

'–으면'을 사용해서 옆 사람에게 질문해 보세요.

> 가: 몸이 아프면 어떻게 해요?
>
> 나: 집에서 쉬어요.

 아프다	• 집에서 쉬어요. • • •
 피곤하다	• • • •
 눈이 오다	• • • •
 돈이 많다	• • • •
 결혼을 하다	• • • •

–아/어서, –으니까

'–아/어서'와 '–으니까'를 사용해서 두 문장을 연결하세요.

날씨가 너무 추워요.	창문을 닫으세요.
→	
내일 시험이 끝나요.	놀이 공원에 갈까요?
→	
약속시간에 늦었어요.	택시를 타요.
→	
배가 고파요.	피자를 먹으러 갈까요?
→	
저 영화가 재미있다.	꼭 보세요.
→	
버스가 안 와요.	지하철을 탔어요.
→	
비가 와요.	우산을 쓰세요.
→	
머리가 많이 아파요.	병원에 가요.
→	
오늘은 피곤해요.	집에 가서 쉬어요.
→	
사람이 많아요.	복잡해요.
→	

―으려고 하다

여행 계획 세우기

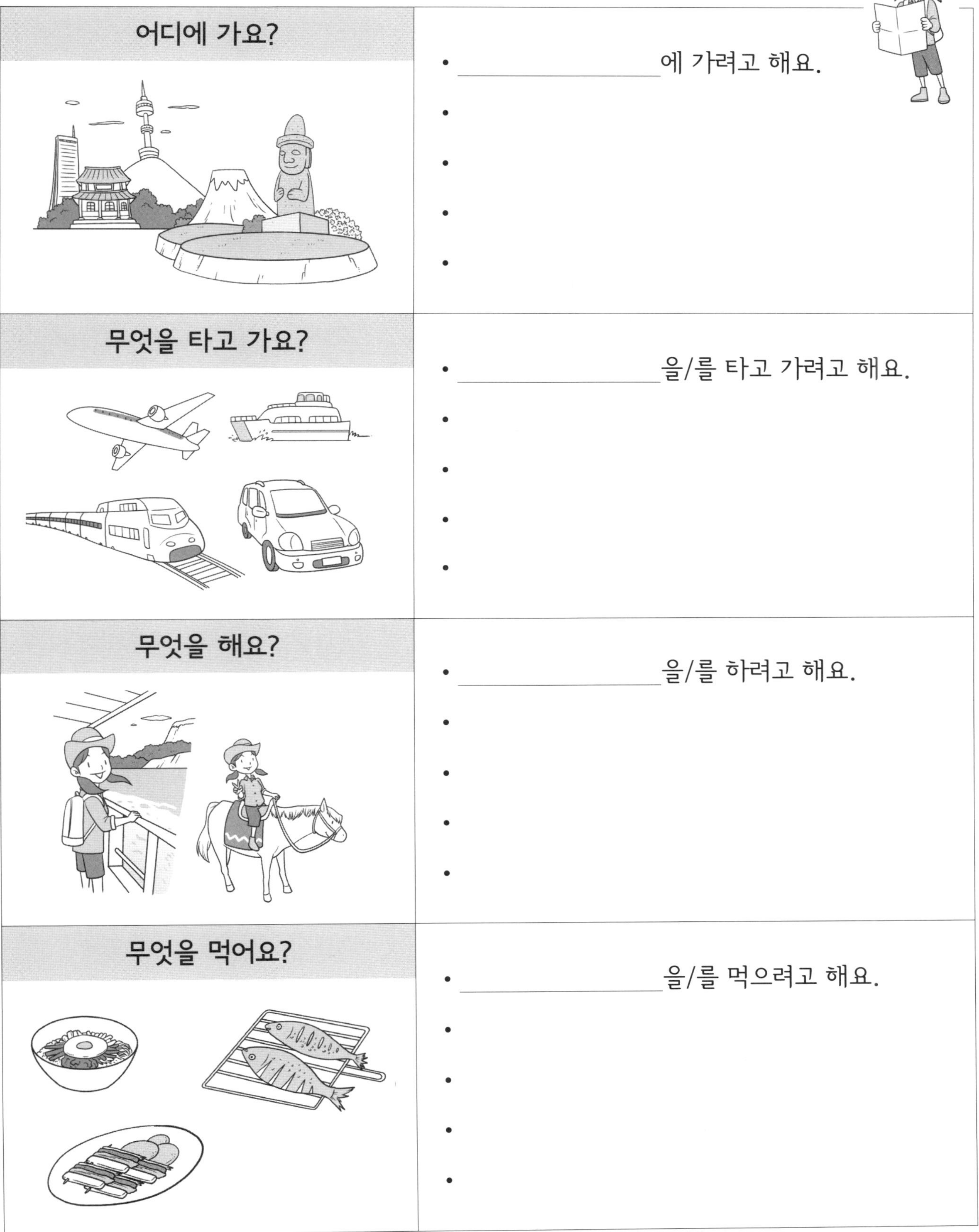

어디에 가요?	
	• ______________에 가려고 해요. • • • •
무엇을 타고 가요?	• ______________을/를 타고 가려고 해요. • • • •
무엇을 해요?	• ______________을/를 하려고 해요. • • • •
무엇을 먹어요?	• ______________을/를 먹으려고 해요. • • • •

–은/는데1

버스를 타고 학교에 오다	깜빡 잊다
극장에서 영화를 보다	사람이 너무 많다
공원에서 산책을 하다	교통사고가 나다
친구와 약속을 하다	선생님을 만나다
친구와 제주도 여행을 가다	갑자기 TV가 꺼지다
집에서 쉬고 있다	옆 자리에 친구가 오다
식당에 가다	너무 졸리다
지하철 역 계단을 내려가다	강아지가 따라 오다
TV를 보다	경치가 정말 아름답다
시험공부를 하다	초인종이 울리다

–으면서

무엇을 하고 있어요? 그림을 보고 '–으면서'를 사용해서 이야기해 보세요.

-을 때

무엇을 할 때 사용하는 물건일까요?

밥을 먹다	계산을 하다	머리를 말리다	물/커피를 마시다
자리에 앉다	물을 끓이다	청소를 하다	사진을 찍다
빨래를 하다	전화를 하다	종이를 자르다	인터넷 검색을 하다

으로

무엇으로 먹어요? _________________(으)로 먹어요.

무엇으로 가요? _________________(으)로 가요.

무엇으로 써요? _________________(으)로 써요.

무엇으로 연락해요? _________________로 연락해요.

__________에 __________(으)로 가요.

__________에 __________(으)로 써요.

__________을 __________(으)로 먹어요.

__________하고 __________(으)로 연락해요.

-으려면

질문	조언하기
한국어를 잘하다	
아침에 일찍 일어나다	
여자/남자 친구를 사귀다	
과일을 사다	
주말에 쉬다	
휴가 때 해외여행을 가다	
한국의 대학에 들어가다	
한국어 발음이 좋아지다	
일찍 퇴근하다	
돈을 모으다	
다이어트를 하다	
제주도에 가다	
한국에서 살다	
요리를 잘하다	

─겠─1

기상캐스터가 되어 일기예보를 해 봅시다.

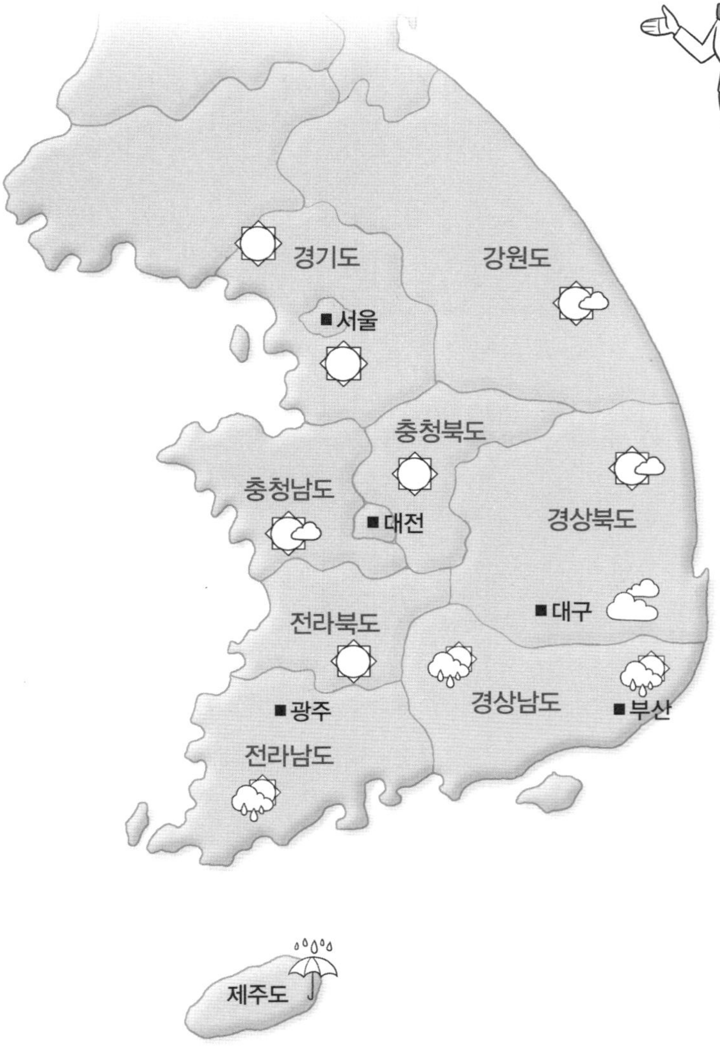

맑다   흐리다

맑은 뒤 흐리다   구름이 많다

바람이 불다   눈이 오다

함박눈이 내리다   포근하다

쌀쌀하다   흐린 뒤 비가 오다

하루 종일 비가 오다   비 온 뒤 맑아지다

비가 오고 바람이 많이 불다

−을래요

오늘 점심/저녁/은 무엇을 먹을래요?

_______________ 로 먹을래요.

–아/어 보다1

여러분의 경험을 말하고 다른 사람에게 추천해 보세요.

경험	–아/어 보세요	–아/어 보고 싶어요	–아/어 보고 싶지 않아요
찜질방에 가다			
자전거 여행을 하다			
김치를 만들다			
낙지볶음을 먹다			
헬리콥터를 타다			
마라톤을 하다			
한복을 입다			
한라산에 가다			
번지점프를 하다			
바다낚시를 하다			

–아/어 보다2

여러분 나라를 소개해 주세요.

우리나라는 __________________________이에요/예요.

우리나라의 __________________________에 가 보세요.

__________________에서 __________________________을/를 먹어 보세요.

__________________에 가면 __________________________을/를 해 보세요.

나라		이름	
장소			
음식			
할 것			

-을 줄 알다/모르다

가: 한국 노래를 부를 줄 알아요?

나: 네. 부를 줄 알아요. / 아니요. 부를 줄 몰라요.

김밥	과자	옷	만들다
탈춤	브레이크댄스	스포츠댄스	추다
장구	드럼	기타	치다
인라인스케이트	스키	오토바이	타다
농구	외국어	요리	하다

–고 나서

김치찌개를 만들어요. '–고 나서'를 사용해서 조리 과정을 이야기해 보세요.

김치찌개 재료: 김치, 돼지고기, 파, 마늘, 두부, 고춧가루, 물

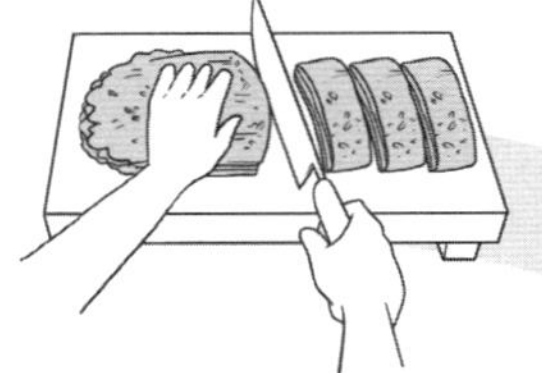

1. 김치를 자르다

8. 상에 올리다

2. 돼지고기를 볶다

7. 간을 맞추다

3. 김치를 넣다

6. 두부를 넣다

5. 파와 마늘을 넣다

4. 물을 넣고 끓이다

–기로 하다

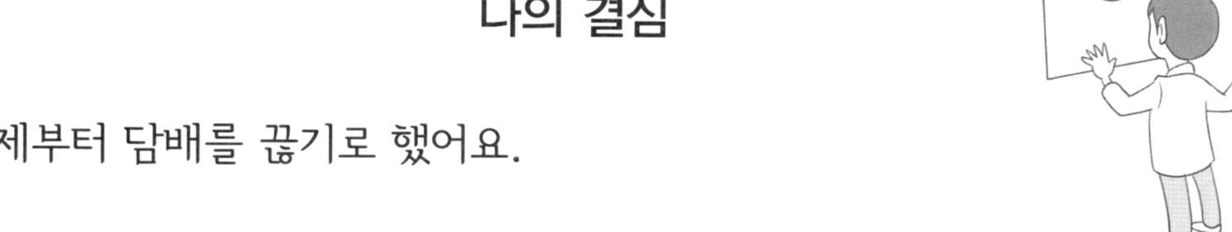

나의 결심

- 이제부터 담배를 끊기로 했어요.

-

-

-

-

-

약속 정하기

- 주말에 등산을 가기로 했어요.

-

-

-

-

-

높임말1

나		어머니
TV를 봐요.	보다	TV를 보세요.
	쓰다	
	타다	
	사다	
	읽다	
	걷다	
	듣다	
	입다	
	운동하다	

높임말2

다음 문장을 높임말로 바꿔 보세요.

어머니가 밥을 먹어요.	
아버지가 자요.	
선생님이 책을 읽어요.	
아버지 생일은 9월 5일이에요.	
이 사람이 김 선생님이에요.	
부모님 집은 부산이에요.	
선생님에게 물어봐요.	
어머니가 아파요.	
할아버지가 TV를 봐요.	
어머니 나이는 예순이에요.	
선생님에게 선물을 줘요.	
할머니가 과일을 좋아해요.	
집이 어디예요?	
미안하지만 이름이 뭐예요?	
부모님은 어디 살아요?	

높임말3

가족을 소개해 보세요.

- 이름/성함:

- 나이/연세:

- 직업:

- 취미:

- 좋아하는 것:

- 싫어하는 것:

-

-

높임말3

에게(서)/한테(서)1

_________________에게(한테) _________________을/를 주었어요.

_________________에게서(한테서) _________________을/를 받았어요.

—에게(서)/한테(서)2

그림을 보고 이야기해 보세요.

–아/어 주다1

도와주세요!

어떻게 도와주면 좋을까요?

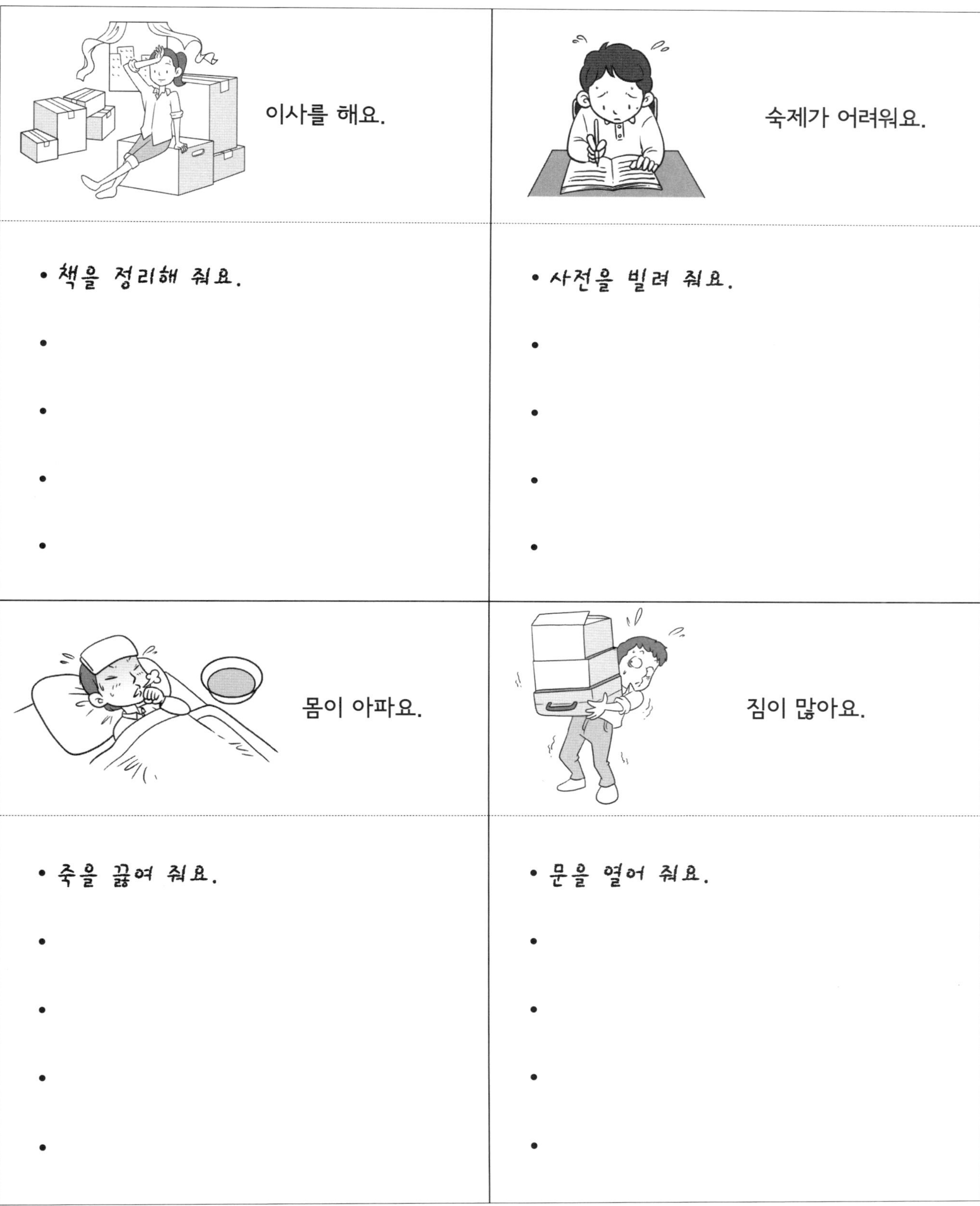

-아/어 주다2

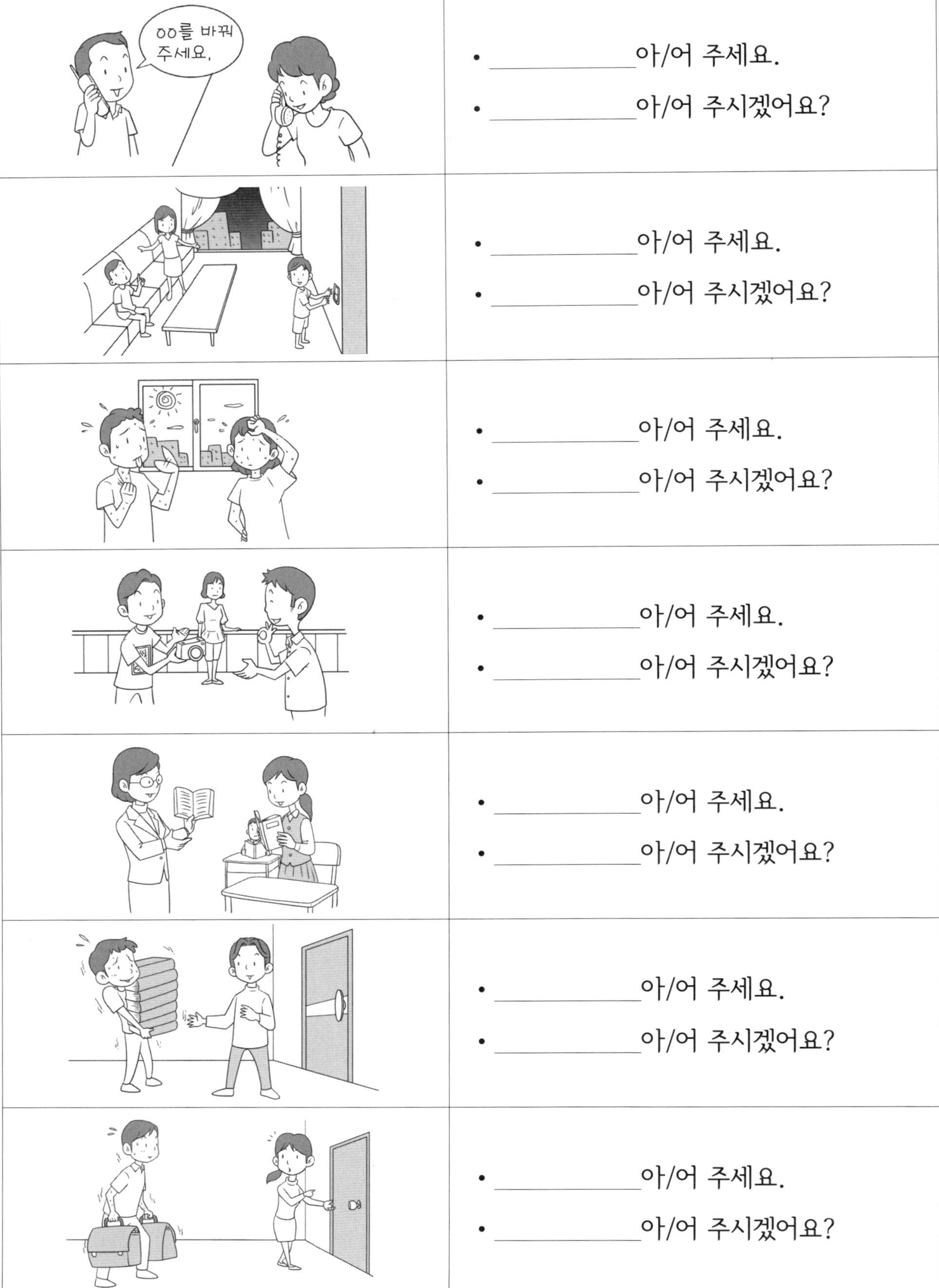

	• _________아/어 주세요. • _________아/어 주시겠어요?
	• _________아/어 주세요. • _________아/어 주시겠어요?
	• _________아/어 주세요. • _________아/어 주시겠어요?
	• _________아/어 주세요. • _________아/어 주시겠어요?
	• _________아/어 주세요. • _________아/어 주시겠어요?
	• _________아/어 주세요. • _________아/어 주시겠어요?
	• _________아/어 주세요. • _________아/어 주시겠어요?

-을게요

약속할게요!

부모님께

- 공부를 열심히 할게요.

-

-

-

선생님께

- 수업 시간에 졸지 않을게요.

-

-

-

아내/남편에게

- 내일부터 일찍 들어올게요.

-

-

-

접속부사

그런데	그렇지만	그러니까	그래서	그리고	그래도	그러면

내일은 일요일이에요.	그런데 그렇지만	일을 해요.
날씨가 더워요.		에어컨을 켜요.
노래 연습을 열심히 했어요.		잘 못 불러요.
식당이 깨끗해요.		음식도 맛있어요.
해외여행을 가고 싶어요.		여권을 잃어 버렸어요.
떡볶이를 만들었어요.		맛이 없어요.
너무 피곤해요.		집에서 쉬어요.
길이 많이 막혀요.		지하철을 탈까요?
열심히 공부하세요.		성적이 오를 거예요.
오늘 시험이 끝났어요.		놀이동산에 놀러 갈까요?
공원에 갔어요.		자전거를 탔어요.
신분증을 보여 주세요.		통장을 만들 수 있어요.

−아/어도 되다, −으면 안 되다1

가: _________________________ −아/어도 돼요?

나: 네. 그래도 돼요. / 아니요. 그러면 안 돼요.

어른이 식탁에 앉기 전에 먼저 앉다

어른보다 먼저 음식을 먹다

소리를 내며 먹다

식사가 끝나면 어른보다 먼저 일어나다

밥그릇을 손으로 들고 먹다

숟가락과 젓가락을 같이 들고 먹다

어른이 주는 술잔을 한 손으로 받다

좋아하는 반찬만 먹다

음식을 입에 넣고 말하다

식사를 마친 후에 아무 말 없이 일어나다

다른 사람 집에 방문할 때 맨발로 가다

약속하지 않고 아무 때나 가다

빈손으로 방문을 하다

주인보다 먼저 들어가서 앉다

아무 때나 전화를 하다

도서관 안에서 전화 통화를 하다

소리를 내며 책장을 넘기다

책을 찢거나 훔치다

상대방이 말하는 중간에 끼어들다

처음 보는 사람에게 반말을 하다

근무 중에 개인적인 전화를 하다

근무 중에 신문, 잡지를 보다

버스나 지하철 안에서 노인을 보고 그냥 앉아있다

어른과 걸을 때 앞으로 먼저 가다

어른 앞에서 담배를 피우다

어른에게 먼저 악수를 청하다

음악회나 공연이 시작된 후에 입장을 하다

공연 도중에 재미가 없으면 나오다

–아/어도 되다, –으면 안 되다2

사진을 찍어도 돼요?
네. 사진을 찍어도 돼요. / 아니요. 사진을 찍으면 안 돼요.

학교		• 계단에서 뛰어도 돼요? → • → • →
집		• 전기선을 만지고 놀아도 돼요? → • → • →
공원		• 삼겹살을 구워 먹어도 돼요? → • → • →
박물관		• 사진을 찍어도 돼요? → • → • →
산		• 산에서 담배를 피워도 돼요? → • → • →

–지 마세요1

표지판을 읽고 말하세요.

휴대전화를 하다 → *휴대전화를 하지 마세요.*	담배를 피우다 →
문에 기대다 →	뛰다 →
수영을 하다 →	주차를 하다 →
자전거를 타다 →	사진을 찍다 →
길을 건너다 →	음식을 먹다 →

–지 마세요2

이렇게 말해 보세요.

__________________지 마세요.

−은/는데2

맛있다	비싸다
크다	적다
편하다	바쁘다
예쁘다	맛없다
싸다	재미없다
많다	춥다
재미있다	작다
한가하다	깨끗하지 않다
덥다	불편하다
깨끗하다	안 예쁘다

-은/ㄴ

파랑다 예쁘다	노랗다 깨끗하다	하얗다 비싸다	까맣다 높다	빨갛다 맛있다

우산	하늘	꽃	음식	지갑
아파트	가방	집	식당	모자

		까만 가방		

어떤

아이를 찾습니다.

잃어버린 장소:

인상착의: 키 -   몸무게 -
         옷차림-
         특징-

연락처:

어디에서 잃어 버렸어요?

어떤 옷을 입었어요?

어떤 신발을 신었어요?

어떤 특징이 있어요?

−아/어야 되다/하다

어떻게 해야 돼요/해요?

<table>
<tr><td></td><td>다이어트를 하려고 해요.

• _______________________

• _______________________

• _______________________</td></tr>
<tr><td></td><td>해외여행을 하려고 해요.

• _______________________

• _______________________

• _______________________</td></tr>
<tr><td></td><td>결혼을 하려고 해요.

• _______________________

• _______________________

• _______________________</td></tr>
<tr><td></td><td>이사를 하려고 해요.

• _______________________

• _______________________

• _______________________</td></tr>
</table>

-아/어 보이다

크다	길다	많다	넓다	높다	바쁘다	기쁘다	깨끗하다
작다	짧다	적다	좁다	낮다	한가하다	슬프다	더럽다

–아/어 드릴까요?

도와주고 싶어요.
어떻게 해 줄까요? / 드릴까요?

	친구	나이가 많은 사람
창문을 열다	창문을 열어 줄까(요)?	창문을 열어 드릴까요?
창문을 닫다		
불을 켜다		
불을 끄다		
에어컨을 켜다		
에어컨을 끄다		
쓰레기를 버리다		
책을 찾다		
사전을 빌려 주다		
전화번호를 알려 주다		

−아/어야겠어요

 봄	• 날씨가 따뜻하니까 소풍을 가야겠어요. • • • •
 여름	• 날씨가 더우니까 에어컨을 사야겠어요. • • • •
가을	• 단풍을 보러 산에 가야겠어요. • • • •
 겨울	• 눈이 오니까 눈사람을 만들어야겠어요. • • • •

−아/어지다

예전과 현재의 모습을 보고 '−어지다'를 사용해서 말해 보세요.

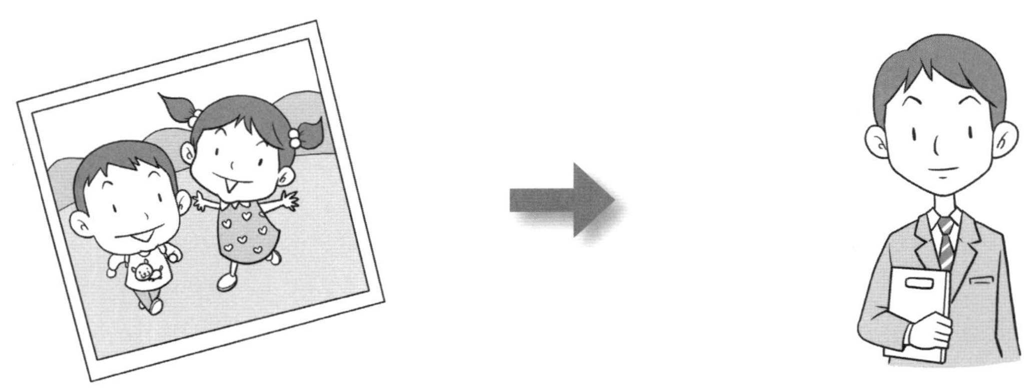

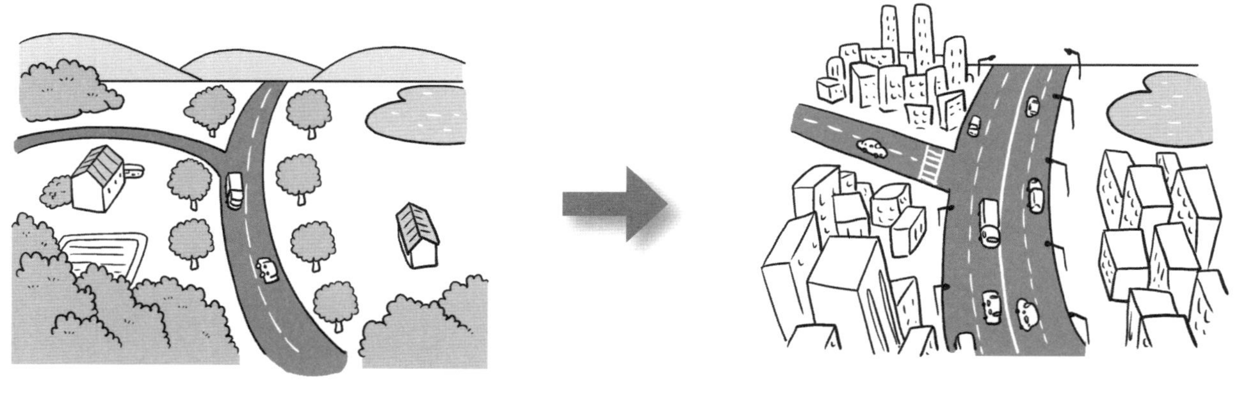

크다	날씬하다	뚱뚱하다	없다	예쁘다
나쁘다	복잡하다	높다	많다	적다
넓다	좁다	깨끗하다	좋다	멋있다

–기 전에

'–기 전에'를 사용해서 문장을 만들어 보세요.

떡볶이를 만들어요.

파티를 해요.

여행을 해요.

   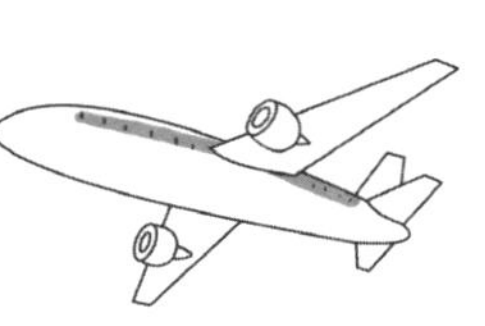

–았/었으면 좋겠어요

'–었으면 좋겠어요'로 말해 보세요.

한국어를 잘 못해요.	
날씨가 너무 추워요.	
살이 많이 쪘어요.	
다리가 너무 굵어요.	
일이 너무 바빠요.	
여자/남자 친구가 없어요.	
매운 음식을 못 먹어요.	
노래를 너무 못 불러요.	
운전을 못 해요.	
비가 너무 많이 와요.	
숙제가 너무 많아요.	
방이 너무 좁아요.	

-은/는/을

어제	지금	내일
지난 주말	오늘	다음 주
지난 달	요즘	다음 달

보다	가다	듣다
읽다	만나다	만들다
배우다	마시다	다니다
좋아하다	전화하다	여행하다

음식	영화	사람
시험	친구	노래
음악	나라	잡지
공연	음료수	여행 장소

–습니다/습니까?

 인터뷰하기

	질문	대답
1	직업이 무엇입니까?	저의 직업은 ______________입니다.
2	그 일을 좋아합니까?	
3	주말에 하고 싶은 일은 무엇입니까?	
4	생일에 누구를 초대하고 싶습니까?	
5	한국 음식을 만들 수 있습니까?	
6	한국 노래를 부를 수 있습니까?	
7	휴가 때 가고 싶은 곳은 어디입니까?	
8	누구와 여행을 가고 싶습니까?	
9	지금 가장 먹고 싶은 것은 무엇입니까?	
10	지금 가장 하고 싶은 일은 무엇입니까?	
11	가장 좋아하는 사람은 누구입니까?	
12	가장 좋아하는 음식은 무엇입니까?	
13	가장 좋아하는 노래는 무엇입니까?	
14	가장 갖고 싶은 것은 무엇입니까?	
15	언제 가장 행복합니까?	

–으려고(요)

다음과 같이 '–으려고(요)'를 사용해서 말해 보세요.

은행에서 통장을 만들다

가: 어서 오세요, 무엇을 도와 드릴까요?

나: 통장을 만들려고요.

가: 신분증하고 도장이 있으세요?

나: 도장이 없는데 서명하면 안 돼요?

가: 서명을 하면 도장이 없어도 돼요.

나: 통장을 만들어 주세요.

가: 잠시만 기다리세요.

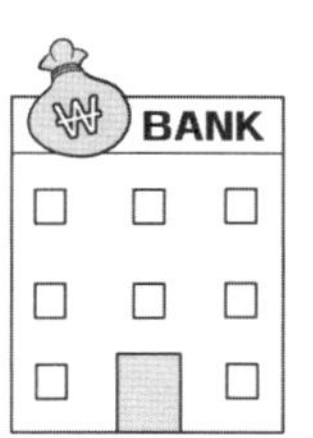

은행에서 환전을 하다

가: 어서 오세요, 무엇을 도와 드릴까요?

나: ______________________

가: ______________________

나: ______________________

가: ______________________

나: ______________________

가: 잠시만 기다리세요.

도서관에서 책을 빌리다

가: 어서 오세요, 무엇을 도와 드릴까요?

나: ______________________

가: ______________________

나: ______________________

가: ______________________

나: ______________________

가: 잠시만 기다리세요.

우체국에서 소포를 부치다

가: 어서 오세요, 무엇을 도와 드릴까요?

나: ______________________

가: ______________________

나: ______________________

가: ______________________

나: ______________________

가: 잠시만 기다리세요.

초급 3권

–은 후에

'–은 후에'를 사용해서 문장을 만들어 보세요.

떡볶이를 만들어요.

____

____

____

파티를 해요.

____

____

____

여행을 해요.

   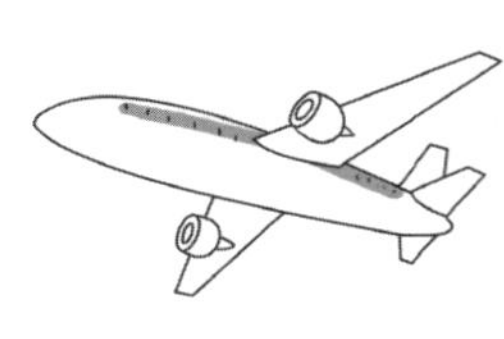

____

____

____

–아/어도

밥을 많이 먹다 / 그래도 더 먹고 싶다

→ 밥을 많이 먹어도 더 먹고 싶어요.

옷이 비싸다 / 그래도 사고 싶다

→

비가 많이 오다 / 그래도 산책을 하다

→

몸이 많이 아프다 / 그래도 회사에 가다

→

늦잠을 자다 / 그래도 아침을 꼭 먹다

→

잠을 많이 자다 / 그래도 자고 싶다

→

운전을 못 하다 / 그래도 자동차를 사고 싶다

→

방이 깨끗하다 / 그래도 다시 청소를 하다

→

–았/었을 때

그때 어땠어요?
'–었을 때'를 사용해서 〈보기〉와 같이 문장을 만들어 보세요.

〈보기〉	
처음 한국에 오다	한국에 처음 왔을 때 한국어를 몰라서 힘들었어요.
한국어를 처음 배우다	
한국 음식을 처음 먹어 보다	
한국 노래를 처음 듣다	
한국 친구를 처음 사귀다	
한복을 처음 입다	
친구와 약속 시간에 늦다	
처음 아르바이트를 하다	
친구와 싸우다	
한국어를 모르다	
돈을 잃어버리다	
휴대폰이 없다	
컴퓨터가 고장이 나다	

–은 적이 있다/없다

가: 자전거 여행을 한 적이 있어요?
나: 네, 자전거 여행을 한 적이 있어요. / 아니요, 한 적이 없어요.

이런 적이 있어요?	나	이름 __________
자전거 여행을 하다		
길에서 넘어지다		
시장에서 물건 값을 깎다		
한국에서 실수를 하다		
다른 사람을 도와주다		
지하철이나 버스를 잘못 타다		
한국 친구를 사귀다		
한국 노래를 부르다		
한국에서 아르바이트를 하다		
한국 음식을 만들다		
찜질방에 가다		
전화를 잘못 걸다		
한국의 미용실에 가다		

–겠–2

부모님과 약속하기

- 담배를 끊겠습니다.
-
-
-
-

선생님과 약속하기

- 열심히 공부하겠습니다.
-
-
-
-

연인과 약속하기

- 매일 한 번씩 전화하겠습니다.
-
-
-
-

–고 있다

___________ 씨는 무엇을 하고 있어요?

_______________________________ 고 있어요.

쓰다	읽다	보내다	마시다	먹다	끼다	하다
찍다	자다	마시다	부르다	추다	듣다	보다

–은 지 (시간)이/가 되다

얼마나 됐어요?
'–은 지 (시간)이/가 되다'를 사용해서 답해 보세요.

한국에 살다	한국에 산 지 1년이 되었어요.
한국어를 배우다	
여자/남자 친구를 만나다	
미용실에 가다	
노래방에 가다	
부모님과 통화를 하다	
손 편지를 쓰다	
대학을 졸업하다	
고향 친구를 만나다	
새 옷을 사다	
회사에 들어가다	
결혼을 하다	
여행을 하다	
고향에 다녀오다	
가족과 식사를 하다	

—기

무엇을 해야 할까요? 메모해 보세요.

초급 3권

이사를 해요

1. 집 구하기

2.

3.

4.

5.

결혼을 해요

1. 예식장 예약하기

2.

3.

4.

5.

집들이를 해요.

1. 집 청소하기

2.

3.

4.

5.

–은/는/을 것 같다

다음을 보고 추측해 보세요.
'은/는/을 것 같다'를 이용하여 말해 보세요.

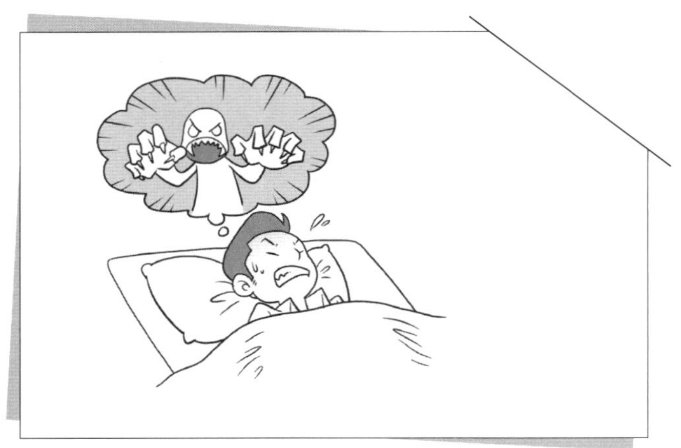

발을 밟다	꿈을 꾸다	화가 나다	아프다	재미있다
행복하다	무섭다	행복하다	힘들다	피곤하다

불규칙 동사/형용사

듣다	고프다
걷다	쓰다
묻다	쉽다
붇다	어렵다
싣다	춥다
아프다	덥다
슬프다	맵다
예쁘다	눕다
바쁘다	돕다
크다	굽다

초급 3권

불규칙 동사/형용사

고맙다	멀다
가볍다	알다
무겁다	말다
아름답다	좋다
줍다	밀다
울다	모르다
달다	부르다
팔다	다르다
놀다	마르다
불다	흐르다

불규칙 동사/형용사

자르다	잇다
들르다	이렇다
오르다	그렇다
고르다	저렇다
빠르다	어떻다
짓다	파랗다
젓다	하얗다
낫다	까맣다
붓다	노랗다
긋다	빨갛다

초급 3권

–은/는 데다가

1. 〈보기〉와 같이 우리 반 친구들의 좋은 점을 써 보세요.

이름	좋은 점 1	좋은 점 2
〈보기〉 말론	친절해요	똑똑해요

2. 〈보기〉와 같이 우리 반 친구들의 좋은 점을 말해 보세요.

〈보기〉 말론 씨는 친절**한 데다가** 똑똑해요.

–기는 하지만

다음의 주장에 대해서 〈보기〉와 같이 반대하는 의견을 써 보세요.

절대로 거짓말을 하면 안 돼요.
〈보기〉 그렇기는 하지만 거짓말이 필요할 때도 있어요.
살이 찌면 다이어트를 꼭 해야 돼요.
담배는 건강에 해로우니까 담뱃값을 올려야 해요.
학생은 운동보다 공부를 열심히 해야 해요.

−기 위해서

그림을 보고 말해 보세요.

(1) 계속 담배를 피우**면** 건강이 나빠**질 거예요**.

　　건강을 지키**기 위해서** 담배를 끊**으세요**.

(2) 계속 화를 내**면** 친구들이 싫어하**게 될 거예요**.

　　친구들과 잘 지내**기 위해서** 화가 나도 조금만 참**으세요**.

날개 달기(설문지)

1. 설문지에서 자주 쓰이는 표현을 알아봅시다.

이 설문지는 한국어를 공부하는 학생들이 한국 생활과 문화를 어떻게 생각하는지 알아보기 위한 것입니다. 문항을 잘 읽고 답해 주십시오.

해당하는 것에 ✔를 표시해 주십시오.

①—————————②—————————③—————————④—————————⑤
정말 그렇다   보통이다   전혀 아니다

☐네   ☐아니오

그 이유는 무엇입니까?

설문에 답해 주셔서 감사합니다.

2. 위의 표현을 활용하여 설문지를 만들어 봅시다.

–는다고/다고 하다1

1. 〈보기〉와 같이 말해 보세요.

〈보기〉

가: 이번 휴가 때 친구들하고 같이 여행을 가기로 했는데 어디에 가면 좋을까요?

나: 제주도가 **좋다고 들었는데** 한번 가 보세요.
바닷가 경치도 아름답고 음식도 맛이 있**다고 해요.**

가: 아, 그래요? 그럼 제주도에 가 봐야겠어요.

고향에서 친구가 오다	인사동	한국의 전통 음식을 파는 가게가 많다
친구하고 쇼핑을 하다	남대문	물건 종류가 많고 값이 싸다
노트북을 사다	인터넷쇼핑몰	전자상가보다 값이 싸다
친구에게 저녁을 사다	서울식당	음식이 맛이 있고 깨끗하다
이사를 가다	신촌	교통이 편리하고 편의시설이 많다
한국 영화를 보다	CGV 강남점	영어 자막이 있는 한국 영화를 볼 수 있다
주말에 데이트를 하다	삼청동	예쁘고 분위기가 좋은 가게들이 많다

2. 여러분의 경험을 이용해서 대화를 만들어 보세요.

–는다고/다고 하다2

1. 다른 사람에게 소개해 주고 싶은 친구가 있습니까? 다음 질문에 답을 쓰세요.

친구의 이름은 뭐예요?

친구를 어떻게 만났어요?

친구는 무슨 일을 해요?

친구의 장점은 뭐예요?

2. 친구들끼리 활동지를 바꾸세요.

3. 바꾼 활동지에 있는 친구가 되어서 〈보기〉와 같이 인사를 해 보세요.

〈보기〉

찬:　말론 씨, 안녕하세요?

말론: 찬 씨, 안녕하세요?

찬:　말론 씨가 한국말을 정말 잘하신**다고 들었습니다.**

말론: 감사합니다. 찬 씨도 한국말을 잘하신**다고 들었습니다.**

(…)

–냐고 하다

1. 〈보기〉와 같이 우리 반 친구들에게 질문하고 싶은 것을 물어보고 대답을 쓰세요.

이름	질문하고 싶은 것	대답
〈보기〉 말론	어떤 사람을 좋아해요?	성격이 좋은 사람을 좋아해요.

2. 〈보기〉와 같이 들은 말을 말해 봅시다.

〈보기〉

수지 씨가 말론 씨에게 어떤 사람을 좋아하**냐고 하니까** 말론 씨가 성격이 좋은 사람을 좋아**한다고 했어요.**

날개 달기(엽서 쓰기)

1. 생각해 봅시다.

- 라디오에서 어떤 음악을 듣고 싶습니까?
- 그 음악을 누구하고 함께 듣고 싶습니까?
- 그 음악에 추억이 있습니까?

2. 음악을 신청하는 엽서를 써 봅시다.

POST CARD

(음악을 신청하는 사람)

stamp

(신청하는 음악)

(신청 이유 또는 음악과 관련한 추억)

3. 엽서를 서로 나누어 가지세요. 라디오 음악 방송 DJ가 되어 다른 친구의 엽서 내용을 소개해 봅시다.

–는 게 어때요?/좋겠어요1

여러분의 고민을 쓰세요.

친구의 고민을 읽고 좋은 해결 방법을 쓰세요.

여러분의 고민을 쓰세요.

친구의 고민을 읽고 좋은 해결 방법을 쓰세요.

-는 게 어때요?/좋겠어요2

다음 글을 읽고 〈보기〉와 같이 이야기해 봅시다.

주변 사람이 결혼을 할 때는 친척과 친구, 회사 동료들이 결혼식에 가서 축하를 해 줍니다. 보통 결혼식에 초대를 받은 사람은 결혼식장에 들어가기 전에 돈을 냅니다. 이 돈을 '축의금'이라고 하는데 결혼식장 입구에서 신랑, 신부의 가까운 친척들이 축의금을 받습니다. 신랑이나 신부와 아주 가까운 친구들은 결혼 선물을 하기도 합니다.

결혼을 하고 난 후나 이사를 한 다음에 한국에서는 '집들이'를 합니다. 부부는 맛있는 음식을 준비하고 초대를 받은 사람은 선물을 줍니다. 집들이를 할 때는 모든 일이 '술술' 잘 풀리라고 두루마리 화장지를 선물합니다. 또, 세제에서 거품이 나는 것처럼 돈을 많이 벌라고 세제를 선물하기도 합니다.

한국에서는 아이가 태어난 지 한 살이 되었을 때 '돌잔치'를 합니다. 아이의 친척들과 부모의 친구들 등, 주변 사람들이 모여서 아이의 생일을 함께 축하해 줍니다. 돌잔치에 초대 받은 사람은 아이의 손가락에 맞는 작은 금반지를 준비합니다. 금반지를 준비하지 못한 경우에는 돈을 하얀 봉투에 담아서 주면 됩니다.

<보기>

가: 한국 친구의 결혼식에 초대를 받았어요. 어떤 선물을 해야 해요?

나: 한국에서는 주로 축의금을 낸다고 들었어요. 축의금을 준비하**는 게 좋겠어요.**

–거든요

1. 한국 생활을 잘 하는 데 꼭 필요하다고 생각하는 것이 있습니까? 여러분의 고향 친구가 한국에 온다고 하면 친구에게 어떤 것을 준비하라고 말하겠습니까? 〈보기〉와 같이 메모를 해 보세요.

〈보기〉

두꺼운 옷, 겨울 날씨가 추우니까

한국 문화를 미리 공부하기, 한국 문화를 잘 알면 한국 생활에 빨리 적응할 수 있으니까

2. 〈보기〉와 같이 말해 보세요.

〈보기〉

두꺼운 옷을 가져오는 게 좋겠어요. 한국 겨울 날씨가 정말 춥**거든요**.

한국 문화를 미리 공부하는 게 좋겠어요. 한국 문화를 잘 알면 한국 생활에 빨리 적응할 수 있**거든요**.

–으라는 뜻/의미/말1

어떤 뜻일까요? 의미를 이야기해 봅시다.

〈보기〉 엘리베이터 문이 열리면 위험하니까 문에 기대지 **말라는** 뜻이에요.

–으라는 뜻/의미/말2

1. 속담과 그 의미를 선으로 연결하세요.

① 바늘 도둑이 소도둑 된다   •　　　•　(가) 세상에 비밀은 없다

② 낮말은 새가 듣고 밤말은 쥐가 듣는다   •　　　•　(나) 서두르지 말고 천천히 노력해야 한다

③ 시작이 반이다   •　　　•　(다) 나쁜 습관은 고치기 어렵다

④ 천 리 길도 한 걸음부터   •　　　•　(라) 다른 사람에게 좋은 말을 해야 한다

⑤ 소 잃고 외양간 고친다   •　　　•　(마) 나쁜 일은 미리 대비해야 한다

⑥ 오는 말이 고와야 가는 말이 곱다   •　　　•　(바) 시작이 중요하다

⑦ 지렁이도 밟으면 꿈틀한다   •　　　•　(사) 다른 사람을 무시하면 안 된다

2. 〈보기〉와 같이 이야기해 보세요.

〈보기〉

가: '바늘 도둑이 소도둑 된다'는 속담은 무슨 뜻이에요?

나: 나쁜 습관은 고치기 어려우니까 빨리 고치**라는 의미예요.**

–자고 하다

날씨와 계절에 따라 조심해야 할 일이 달라집니다. 무엇을 조심해야 하는지 이야기해 봅시다.

| 봄, 가을 | 건조한 계절입니다. 산불이 나지 않도록 주의합시다. 산에서는 담배를 피우지 맙시다. |  |

| 봄 | 황사가 올 수 있습니다. 외출할 때 마스크를 쓰고 집에 돌아와서 손발을 깨끗이 씻읍시다. |  |

| 여름 | 에어컨을 쓰지 않는 동안 에어컨 속에 먼지가 많이 쌓입니다. 에어컨을 사용하기 전에 에어컨 속을 깨끗하게 청소합시다. 에어컨 때문에 전기 사용이 많습니다. 전기 사용을 줄이도록 합시다. |  |

| 장마철 | 상한 음식을 먹고 배탈이 날 수 있습니다. 물을 꼭 끓여 마시고 남은 음식은 냉장고에 보관합시다. |  |

| 겨울 | 독감에 걸리기 쉽습니다. 추운 겨울이 되기 전에 독감 예방 주사를 맞읍시다. | 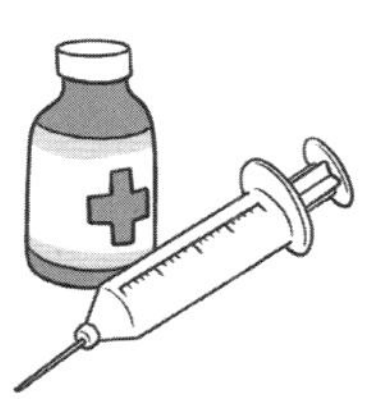 |

〈보기〉 봄과 가을은 건조한 계절이니까 산불이 나지 않도록 주의하**자고 해요**.
　　　산에서는 담배를 피우**지 말자고 해요**.

날개 달기(동아리)

1. 생각해 봅시다.

   (1) 동아리에서 무슨 활동을 합니까?
       운동, 음악, 그림 그리기, 봉사 활동, 학습……

   (2) 동아리의 이름은 무엇입니까?

   (3) 언제 활동을 합니까?

   (4) 동아리 활동을 하면 좋은 점은 무엇입니까?

2. 동아리 광고문을 읽어 보세요.

3. 동아리 광고문을 함께 만들어 보세요.

–을 만하다

1. 친구에게 추천해 주고 싶은 활동이 있습니까? 〈보기〉와 같이 쓰고 말해 보세요.

〈보기〉 야구장에 한번 가 **볼 만해요**. 큰 소리로 좋아하는 팀을 응원하면 스트레스가 풀리거든요.

2. 친구들이 추천한 활동을 메모해 보세요.

친구 이름	추천한 내용	점수

3. 점수 칸에 친구의 제안이 얼마나 마음에 드는지 점수를 쓰세요. 가장 마음에 들면 5점입니다.

-더라고요

〈보기〉와 같이 이야기해 보세요.

말론

리나

혜라

중달

에먼드

한나

〈보기〉

가: 한나 씨한테 할 말이 있는데 한나 씨가 안 보여요.

나: 아까 식당에서 봤는데 밥을 먹고 있**더라고요**.

–을 걸 그랬어요

〈보기〉와 같이 대화를 만들어 보세요.

> 〈보기〉
>
> <밍밍> 시험을 잘 못 봐서 진급을 못 할 것 같습니다.
>
> <준호> 친구를 위로해 주세요.
>
> ---
>
> 준호: 밍밍 씨, 무슨 일 있어요? 기분이 안 좋아 보여요.
>
> 밍밍: 아니에요. 그냥 조금…….
>
> 준호: 무슨 일인지 말해 보세요.
>
> 밍밍: 사실은 시험을 잘 못 봤어요. 진급을 못 할 것 같아요. 더 열심히 공부**할 걸 그랬어요.**
>
> 준호: 그래도 힘내세요. 다음에는 더 잘할 수 있을 거예요. 그리고 같은 내용을 한 번 더 공부하면 밍밍 씨에게도 도움이 될 거예요.
>
> 밍밍: 네, 알겠어요. 고마워요.

(1)

<가> 친구하고 싸워서 기분이 좋지 않습니다.

<나> 친구를 위로해 주세요. 친구하고 화해하는 좋은 방법을 이야기해 주세요.

(2)

<가> 머리 모양을 바꿨는데 마음에 들지 않습니다.

<나> 친구를 위로해 주세요.

(3)

<가> 남자/여자 친구하고 헤어져서 우울합니다.

<나> 친구를 위로해 주세요. 기분이 좋아지는 방법을 이야기해 주세요.

반말

감사합니다.

안녕히 가세요.

책 좀 주세요.

알겠습니다.

드릴 말씀이 있어요.

안녕히 주무세요.

저녁 같이 드실래요?

연락 드리겠습니다.

주말에 공원에 갑시다.

제 친구는 학생이에요.

죄송합니다.

맛있게 드세요.

생일 파티에 꼭 와 주세요.

내일 봐요.

이게 뭐예요?

–은/는 편이다1

1. 〈보기〉와 같이 다음 표를 완성하세요.

	한국	우리나라
날씨	〈보기〉 여름 날씨가 덥다	여름 날씨가 시원하다
물가		
교통		
사람들의 성격		
나라의 크기		
음식 맛		
인터넷		

2. 〈보기〉와 같이 말해 보세요.

〈보기〉 우리나라는 한국에 비해서 여름 날씨가 시원한 편이에요.

–은/는 편이다2

1. 〈보기〉와 같이 질문을 쓰고 친구들에게 질문하세요.

	_______ 씨	_______ 씨	_______ 씨	_______ 씨	_______ 씨
〈보기〉 한 달에 보통 영화를 몇 번 봐요?	7번	1번	2번	4번	1번

2. 〈보기〉와 같이 말해 보세요.

〈보기〉 우리 반에서 제일 영화를 자주 보는 사람은 _______________ 씨예요.

_______________ 씨는 영화를 자주 보**는 편이에요.**

−을 정도

다음 글을 읽고 〈보기〉와 같이 이야기해 봅시다.

옛날에 '콩쥐'가 살았습니다. 콩쥐는 어렸을 때 어머니가 돌아가셔서 새어머니와 함께 살았습니다. 새어머니에게는 '팥쥐'라는 딸이 있었습니다. 새어머니와 팥쥐는 성격이 아주 못됐습니다. 그래서 매일 콩쥐를 괴롭히고 콩쥐에게 힘든 일을 시켰습니다. 하지만 콩쥐는 아무 불평도 하지 않고 혼자서 힘든 일을 다 했습니다.

옛날에 오빠와 여동생이 살았습니다. 하늘에서 줄이 내려와서 오누이는 줄을 타고 올라갔습니다. 계속 줄을 타고 올라가서 오빠는 해님이 되고 여동생은 달님이 되었습니다. 달님이 된 여동생은 밤을 너무 무서워했습니다. 그래서 오빠가 달님이 되고 여동생은 해님이 되었습니다. 해님이 된 여동생은 사람들이 자기를 쳐다보는 것을 부끄러워했습니다. 그래서 사람들이 자기를 쳐다볼 수 없게 아주 빛이 강한 해님이 되었습니다.

옛날에 아기가 없는 늙은 부부가 있었습니다. 늙은 부부는 아기가 너무 갖고 싶어서 하늘에 기도를 했습니다. 드디어 부부는 아기를 낳았습니다. 아기는 부모님을 어깨에 멜 정도로 힘이 셌습니다. 또 아기가 아주 똑똑해서 태어난 지 얼마 안 돼서부터 말을 했습니다. 아기는 착하기도 해서 부부가 어떤 부탁을 해도 들어주었습니다.

〈보기〉 질문: 콩쥐는 성격이 어떻습니까?
　　　　대답: 새어머니와 팥쥐가 괴롭히고 힘든 일을 시켜도 불평하**지 않을 정도로** 착했습니다.

날개 달기(성격 확인표)

성격 확인표를 만들어 봅시다. 〈보기〉와 같이 성격을 확인할 수 있는 질문을 쓰세요.

성격	질문	네	아니오
〈보기〉 외향적이다 내성적이다	혼자서 생각하는 시간보다 친구와 함께 있는 시간을 좋아합니까?		
	친구가 많은 편입니까?		
	다른 사람들 앞에서 발표하는 것을 좋아합니까?		
적극적이다 소극적이다			
느긋하다 급하다			
꼼꼼하다 덜렁대다			
낙관적이다 비관적이다			

당신의 성격은 ________________________________은/는 편입니다.

−다가

재미있는 이야기를 만들어 써 보세요.

(1) 잠을 자**다가** 큰 소리가 나서 잠을 깼어요. ____________________

____

(2) 남자/여자 친구하고 전화 통화를 하**다가** 잠이 들었어요. ____________________

____

(3) 요리를 하**다가** 집에 소금이 없다는 것을 알았어요. ____________________

____

(4) 밥을 먹**다가** 생선 가시가 목에 걸렸어요. ____________________

____

(5) 길을 가**다가** 연예인을 만났어요. ____________________

____

―을 뻔했다

1. 관련이 되는 것끼리 선으로 이어 보세요.

(1) 걱정을 많이 했어요.	(ㄱ) 배가 터지다
(2) 이야기가 너무 감동적이었어요.	(ㄴ) 눈물이 나다
(3) 너무 많이 먹었어요.	(ㄷ) 눈/목이 빠지다
(4) 여자 친구가 보고 싶었어요.	(ㄹ) 속이 다 타다
(5) 영화가 너무 무서웠어요.	(ㅁ) 미치다
(6) 너무 오래 기다렸어요.	(ㅂ) 울다
(7) 화장실에 가고 싶은데 계속 참았어요.	(ㅅ) 기절하다

2. 〈보기〉처럼 써 봅시다.

〈보기〉 걱정을 많이 해서 속이 다 **탈 뻔했어요.**

(1) ____

(2) ____

(3) ____

(4) ____

(5) ____

(6) ____

(7) ____

−을까 봐(서)1

〈보기〉와 같이 말해 봅시다.

〈보기〉 몸이 아팠지만 남자/여자 친구에게 말을 안 했습니다.

가: 이렇게 몸이 아픈데 왜 말을 안 했어?
나: 네가 걱정**할까 봐** 그랬어.

(1) 남자 친구가 준 반지를 잃어버렸는데 남자 친구에게 말을 안 했습니다.

(2) 여자 친구가 파마를 했는데 어울리지 않았지만 어울린다고 거짓말을 했습니다.

(3) 주말에 할 일이 너무 많았지만 여자/남자 친구와 데이트를 하려고 시간이 많다고 했습니다.

(4) 여자/남자 친구가 준 선물이 마음에 안 들었지만 마음에 든다고 말했습니다.

(5) 술을 마시지 않겠다고 약속을 했는데 술을 마시고 안 마셨다고 거짓말을 했습니다.

−을까 봐(서)2

1. 다음 글을 읽어 봅시다.

한국에서는 시험을 보는 날 아침에 미역국을 먹지 않습니다.
미역국을 먹으면 시험에 떨어질 거라고 생각합니다.

⇒ 한국에서는 시험에 떨어**질까 봐** 시험을 보는 날 아침에 미역국을
먹지 않습니다.

한국에서는 다리를 떠는 것을 싫어합니다. 다리를 떨면 복이
달아난다고 생각합니다.

⇒ 한국에서는 복이 달아**날까 봐** 다리를 떠는 것을 싫어합니다.

영국에서는 검은 고양이가 앞에 지나가는 것을 싫어합니다. 안 좋은
일이 생길 거라고 생각합니다.

⇒ 영국에서는 안 좋은 일이 생**길까 봐** 검은 고양이가 앞에 지나가는
것을 싫어합니다.

2. 여러분의 나라에서도 안 좋은 일이 생길까 봐 걱정하거나 조심하는 일이 있는지 이야기해 봅시다.

–잖아요

1. 〈보기〉와 같이 문장을 완성하여 제안을 해 봅시다.

〈보기〉 오늘 저녁에…	오늘 저녁에 같이 영화 보러 갈래요?
이번 주말에…	
이번 휴가 때…	
이번 연휴에…	
시험이 끝나면…	

2. 〈보기〉와 같이 제안을 받아들일 수 없는 이유를 써 봅시다.

〈보기〉 오늘 저녁에…	내일 시험이 있어요.
이번 주말에…	
이번 휴가 때…	
이번 연휴에…	
시험이 끝나면…	

3. 〈보기〉와 같이 말해 봅시다.

〈보기〉 오늘 저녁에…

가: 오늘 저녁에 영화 보러 갈래요?
나: 영화요? 내일 시험이 있**잖아요**. 시험 끝나면 가요.

-느라고

〈보기〉와 같이 대답해 봅시다.

〈보기〉

뭐 하느라고 지금까지 밥을 못 먹었어요?

⇒ <u>축구를 하느라고 밥을 못 먹었어요.</u>

(1) 뭐 하느라고 잠을 못 잤어요?

⇒ ______________________________________

(2) 뭐 하느라고 지각했어요?

⇒ ______________________________________

(3) 뭐 하느라고 전화를 못 받았어요?

⇒ ______________________________________

(4) 뭐 하느라고 숙제를 안 했어요?

⇒ ______________________________________

(5) 뭐 하느라고 시험 준비를 못 했어요?

⇒ ______________________________________

(6) 뭐 하느라고 아직까지 퇴근을 안 했어요?

⇒ ______________________________________

–을 텐데

〈보기〉와 같이 말해 봅시다.

〈보기〉

다음 주에 시험이 있습니다. 시험이 어려울 것 같은데 준비를 많이 못 해서 걱정입니다.

⇒ __시험이 어려울 텐데__ 준비를 많이 못 해서 걱정이에요.

(1) 사무실에서 같이 일하는 동료가 점심을 먹으러 가자고 합니다. 하지만 지금은 식당에 사람이 너무 많을 것 같아서 조금 후에 가고 싶습니다.

⇒ _________________________________ 조금 후에 가요.

(2) 지금 비가 아주 많이 옵니다. 동생이 차를 운전해서 회사에 가려고 하는데 길이 너무 미끄러울 것 같습니다.

⇒ _________________________________ 오늘은 지하철을 타는 게 좋지 않을까?

(3) 친구가 정 선생님을 만나러 가는데 선생님이 방에 안 계실 것 같습니다.

⇒ _________________________________ 먼저 전화를 해 보세요.

(4) 친구하고 같이 쇼핑을 가려고 합니다. 친구는 백화점에 가고 싶어 하지만 그곳은 너무 비쌀 것 같습니다.

⇒ _________________________________ 동대문으로 가자.

(5) 지난주에 친구하고 만나기로 약속을 했는데 약속에 많이 늦었습니다. 그런데 오늘 또 늦을 것 같습니다. 친구가 화를 많이 낼 것 같아서 걱정입니다.

⇒ _________________________________ 어떡하지?

(6) 내일 친구가 같이 영화를 보자고 합니다. 내일은 회의 준비 때문에 바쁠 것 같아서 주말에 만나자고 말하고 싶습니다.

⇒ _________________________________ 주말에 만나면 안 될까?

−느라고, −을 텐데

<보기>에서 어울리는 말을 찾아 이야기해 봅시다.

> <보기>
>
> "집을 찾느라고 힘들지 않았어요?"
>
> "바쁘실 텐데 와 주셔서 감사합니다."
>
> "이사를 하느라고 힘드셨을 텐데 뭘 이렇게 많이 준비하셨어요?"
>
> "먼 데까지 오느라고 고생했지요?"

(1) 직장 동료가 결혼을 해서 결혼식장에 갔습니다.

　　동료: ______________________________________

　　동료: 뭘요, ○○ 씨가 결혼을 하는데 오는 게 당연하지요.

(2) 직장 상사의 집들이에 가서 인사를 합니다.

　　상사: ______________________________________

　　부하 직원: 다닙니다. 버스 정류장에서 가까워서 금방 집을 찾았습니다.

(3) 집들이에서 차려진 음식을 보고 말합니다.

　　손님: ______________________________________

　　집주인: 뭘요, 차린 건 없지만 맛있게 많이 드세요.

(4) 직장 동료 아이의 돌잔치에 갔습니다.

　　동료: ______________________________________

　　동료: 고생은요, 초대해 주셔서 제가 고맙습니다.

날개 달기(교통수단)

유레일패스

유럽 국가의 기차를 일정 기간 자유롭게 이용할 수 있는 표입니다. 유레일패스를 이용할 수 있는 국가는 그리스, 네덜란드, 노르웨이, 덴마크, 독일, 루마니아, 룩셈부르크, 벨기에, 스웨덴, 스위스, 스페인, 슬로베니아, 아일랜드, 오스트리아, 이탈리아, 체코, 크로아티아, 포르투갈, 프랑스, 핀란드, 헝가리 등 21개국입니다.

유로 스타

프랑스에서 런던으로 갈 때 이용해야 하는 기차입니다. 유레일패스에 포함되지 않습니다.

시베리아 횡단 열차

러시아의 동쪽과 서쪽 지방을 연결하는 열차입니다. 동쪽의 블라디보스토크에서 출발해서 모스크바까지 가는 데 6박 7일이 걸리고 모두 60개의 역을 지납니다.

릭샤

인도에서 주로 이용하는 교통수단입니다. 자전거나 오토바이 뒤에 좌석을 만들어서 사람이 탈 수 있게 만든 것입니다. 자전거를 바꾸어 만든 것은 '사이클 릭샤'라고 하고 오토바이를 바꾸어 만든 것은 '오토 릭샤'라고 합니다.

곤돌라

베니스는 도시 전체가 강이기 때문에 '곤돌라'라는 배가 중요한 교통수단이었습니다. 사람이 노를 젓습니다. 지금은 모터보트를 많이 이용한다고 합니다.

내일로 티켓

한국에서 만 25세 이하의 젊은이들이 일주일 동안 기차를 자유롭게 이용할 수 있는 표입니다. 단, KTX는 50% 할인된 가격으로 표를 살 수 있습니다. 여름(6~8월)과 겨울(12~2월)에만 이용할 수 있습니다.

–아/어 놓다

〈보기〉와 같이 그림을 보고 말해 보세요.

〈보기〉

크리스마스를 축하하기 위해서 친구들과 파티를 할 거예요. 제일 먼저 크리스마스 트리를 예쁘게

만들어 놓을 거예요. 그 다음에 ________________________

–을 테니까(추측)

1. 용의자의 알리바이를 듣고 메모를 하세요.

보기	용의자 '가': 10시부터 친구들과 술을 마시고 있었음
1	
2	
3	
4	
5	
6	
7	
8	
9	
10	

2. 각각의 용의자들이 도둑이 될 수 없는 이유를 말해 보세요.

〈보기〉 용의자 '가'는 이 시간에 친구들과 술을 마시고 있었어. 그렇다면 다른 사람의 집에 몰래 들어가기가 어려**울 테니까** 이 사람은 범인이 아닐 거야.

–을 테니까(의지)

결혼을 할 사람에게 무엇을 약속합니까? <보기>와 같이 쓰고 말해 보세요.

<보기> 평생 너만 사랑**할 테니까** 결혼해 줘.

매일 맛있는 음식을 만들어 **줄 테니까** 결혼해 줘.

1. ____

2. ____

3. ____

4. ____

5. ____

용돈을 더 받고 싶습니다. <보기>와 같이 쓰고 말해 보세요.

<보기> 매일 저녁에 설거지를 **할 테니까** 용돈을 더 주세요.

이번 시험을 잘 **볼 테니까** 용돈을 더 주세요.

1. ____

2. ____

3. ____

4. ____

5. ____

–이/히/리/기/우/추–1

<1>

먹이다	울리다
재우다	돌리다
보이다	감기다
씌우다	신기다

<2>

입히다	앉히다
날리다	세우다
깨우다	읽히다
웃기다	비우다

–이/히/리/기/우/추–2

〈보기〉와 같이 말해 봅시다.

〈보기〉

가: 다른 사람을 **울린** 적이 있어요?

나: 어렸을 때 동생하고 자주 싸웠어요. 그때 제가 동생을 자주 **울렸어요.**

질문	대답
〈보기〉 다른 사람을 **울린** 적이 있어요?	어렸을 때 동생을 자주 울렸어요.
언제 목소리를 낮___________?	
주변에 사람들을 잘 웃___________ 사람이 있어요?	
다른 사람에게 음식을 먹_________ 준 적이 있어요?	
○○씨의 나라에서도 한국과 같이 어른에게 말을 높___________?	
여러분의 나라에서는 아이를 재_________때 특별히 부르는 노래가 있어요?	
세탁소에 옷을 자주 맡_________는 편이에요?	
옷을 줄_______거나 늘______ 입어 본 적이 있어요?	
밥을 먹을 때 음식을 남______는 편이에요?	

사동 표현 종합

다음 기사를 읽고 영수 씨에게 해 줄 말을 써 봅시다.

영수 씨는 두 아이가 있는 회사원입니다. 두 아이 모두 몸무게가 많이 나가고 영수 씨도 결혼 전보다 살이 많이 쪄서 걱정입니다. 가족의 건강을 지키려면 영수 씨는 어떻게 해야 할까요?

"아침 운동, 하루 중 다이어트 효과가 제일 높다"

아침 식사 전에 하는 운동은 다이어트 효과가 크다. 항상 같은 시간에 일어나서 운동을 하는 것이 좋다.

규칙적으로 운동을

규칙적으로 운동을 하는 것이 중요하다. 같은 시간에 일어나서 하는 것이 좋다.

운동복을 따뜻하게

아침 운동을 할 때에는 따뜻한 운동복을 입는 것이 좋다. 감기에 걸리지 않으려면 운동을 하다가 더워도 옷을 벗지 않는 것이 좋다.

반드시 식사 전에 운동을

식사 후에 하는 운동은 소화를 방해할 수 있다.

〈보기〉

- 영수 씨, 운동 전에 아이들에게 아침을 먹이지 마세요. 식사 후에 하는 운동은 소화를 방해할 수 있다고 해요.

-

-

날개 달기(집안일)

1. 위 ☐ 에는 이름을 쓰세요.

2. 아래 ☐ 에는 집안일을 두 가지 이상 쓰세요.

3. 줄을 그어 사다리를 완성합니다.

4. 사다리를 타고 내려갑니다.

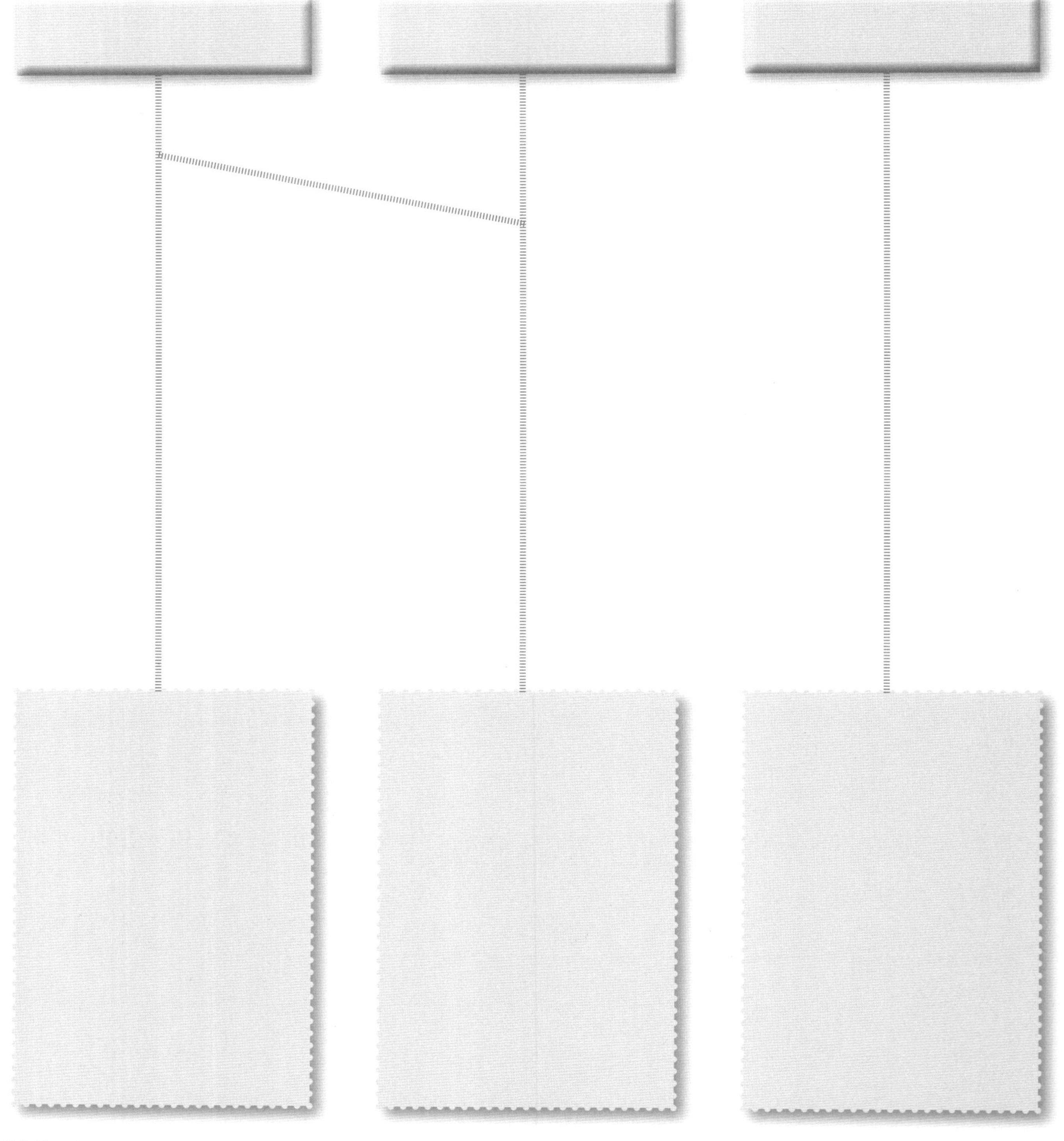

-기는요1

운동을 매일 할 거야.

담배를 꼭 끊을 거야.

한국어능력시험에 꼭 합격할 거야.

절대로 수업에 지각하지 않을 거야.

다이어트를 할 거야.

매일 일찍 일어날 거야.

이제 커피를 마시지 않을 거야.

밤늦게 음식을 먹지 않을 거야.

여자/남자 친구하고 싸우지 않을 거야.

숙제를 꼭 할 거야.

약속에 늦지 않을 거야.

식사를 규칙적으로 할 거야.

매일 한국어 공부를 할 거야.

돈을 아껴 쓸 거야.

술을 조금만 마실 거야.

–기는요2

1. 〈보기〉에 알맞은 말을 넣어 대화를 완성해 봅시다.

〈보기〉 여행 잘 다녀왔어요? 재미있었어요?

가: 여행 잘 다녀왔어요? 재미있었어요?

나: 재미있기는요. 고생만 했어요.

가: 왜요? 무슨 일이 있었어요?

나: ___________________________________

____

2. 대화를 만들어 봅시다.

(1) 소개팅에서 만난 사람이 마음에 들었어요?

(2) 시험 어땠어요? 잘 봤어요?

(3) 새 노트북 성능이 좋아요?

(4) 출장 잘 갔다 왔어요? 일은 잘 됐어요?

(5) 회식 어땠어요? 재미있었어요?

—아/어야지요

〈보기〉와 같이 말해 봅시다.

〈보기〉 평소에도 부탁을 자주 하는 친구가 있습니다. 그 친구가 이번에도 보고서를 써 달라고 부탁합니다. 요즘 일이 너무 많아서 보고서를 쓸 시간이 없다고 합니다.

가: 친구가 바쁘니까 친구를 도와**줘야지요**. 너무 바빠서 보고서를 쓸 시간이 없다고 하잖아요.

나: 도와주**기는요**. 그 친구는 부탁을 너무 자주 하잖아요. 이번에는 자기 일을 혼자 하게 도와주지 말아야 한다고 생각해요.

(1) 여자/남자 친구가 다른 사람과 데이트를 하는 것을 보았습니다. 여자/남자 친구는 이번이 처음이라면서 한 번만 용서를 해 달라고 합니다.

가: ____

____

나: ____

____

(2) 직장 동료가 돈을 빌려 달라고 합니다. 그 동료가 쇼핑을 하는 데 돈을 아주 많이 쓴다는 것을 알고 있습니다.

가: ____

____

나: ____

____

-을수록

1. 반대되는 상황을 찾아 선을 그어 보세요.

① 바쁘다	(가) 밝다
② 우울하다	(나) 느긋하다
③ 급하다	(다) 차분하다
④ 화가 나다	(라) 겸손하다
⑤ 입맛이 없다	(마) 식사를 많이 하다
⑥ 아는 것이 많다	(바) 여유 있다

2. 위의 표현을 활용해서 〈보기〉와 같이 말해 보세요.

〈보기〉

급**할수록** 더 느긋하게 행동**해야지요.**

–던(2)

1. 초등학교 때 친구들의 모습을 기억하고 있습니까? 친구들의 모습을 생각해서 써 봅시다.

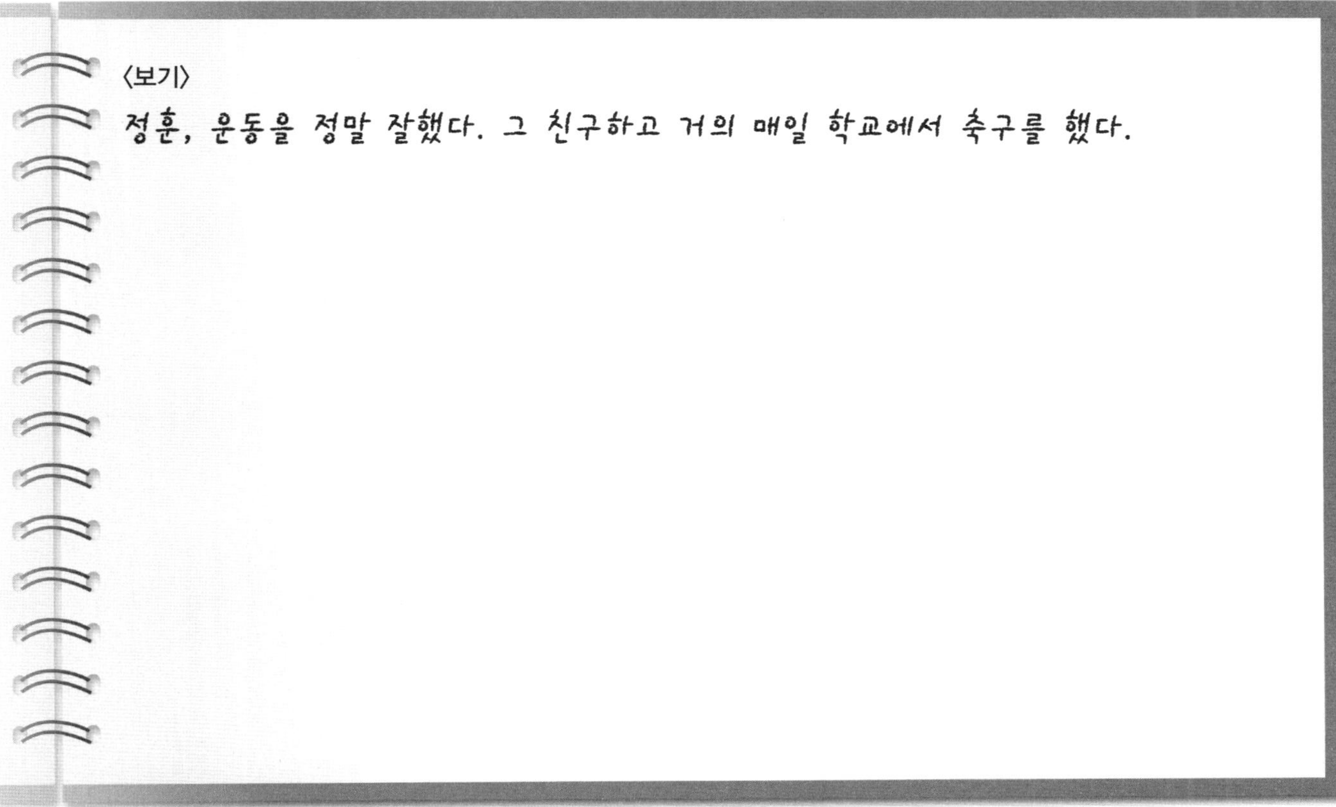

2. 〈보기〉와 같이 이야기해 봅시다.

〈보기〉

운동을 정말 잘하**던** 정훈이라는 친구가 보고 싶어요.

거의 매일 축구를 같이 하**던** 정훈이라는 친구가 보고 싶어요.

–곤 하다

〈보기〉와 같이 2050년의 사람들에게 지금의 생활 모습을 설명해 봅시다.

〈보기〉

가: 할아버지, 옛날에는 어떻게 공부했어요?

나: 옛날에는 아침부터 저녁까지 학교에서 공부를 하**곤 했었지.**

(1) 가: 할머니, 옛날에는 무엇을 먹었어요?

　　나: ____

(2) 가: 할아버지, 어렸을 때 친구들하고 무엇을 하고 놀았어요?

　　나: ____

(3) 가: 할아버지, 할머니하고 데이트를 어떻게 하셨어요?

　　나: ____

(4) 가: 할머니, 옛날에는 아플 때 어떻게 했어요?

　　나: ____

(5) 가: 할아버지, 옛날에는 어떻게 여행을 했어요?

　　나: ____

−아/어 버리다

〈보기〉와 같이 말해 봅시다.

> 〈보기〉 **말해 버리다**
>
> 가: 영훈 씨하고 싸웠어요? 두 사람이 왜 말을 안 해요?
>
> 나: 네, 영훈 씨가 회사를 그만둔다는 이야기를 말하지 말라고 했는데 제가 못 참고 다른 사람들한테 말**해 버렸어요.**
>
> 가: 말하지 말라고 했는데 왜 그랬어요? 약속을 지켰어야지요.

(1) 화를 내 버리다

가: 영훈 씨하고 싸웠어요? 두 사람이 왜 말을 안 해요?

나: ______________________________

가: ______________________________

(2) 웃어 버리다

가: 영훈 씨하고 싸웠어요? 두 사람이 왜 말을 안 해요?

나: ______________________________

가: ______________________________

(3) 가 버리다

가: 영훈 씨하고 싸웠어요? 두 사람이 왜 말을 안 해요?

나: ______________________________

가: ______________________________

–이/히/리/기–1

보다	먹다	열다
쓰다	막다	물다
놓다	닫다	풀다
쌓다	잡다	밀다
바꾸다	밟다	팔다
잠그다	찍다	듣다
감다	담다	안다
끓다	쫓다	

–이/히/리/기–2

〈보기〉와 같이 피동 표현을 활용하여 문장을 완성해 봅시다.

> 〈보기〉 눈이 쌓인 길을 걸으면 눈 위에 발자국이 __찍혀요.__

(1) 선생님이 칠판에 글씨를 작게 쓰면 잘 안 _______________________

(2) 여름에 모기한테 자주 _______________________

(3) 차가 많아서 길이 _______________________

(4) 겨울에 눈이 많이 와서 눈이 _______________________

(5) 이사를 하면 주소가 _______________________

(6) 바람이 불어서 문이 큰 소리를 내면서 _______________________

(7) 세일을 해서 잘 안 _______________________는 물건을 다 팔았다고 해요.

(8) 청소를 안 하면 바닥에 먼지가 _______________________

(9) 선생님이 크게 말하면 교실 뒤에서도 잘 _______________________

(10) 몸이 안 좋아서 밥이 잘 안 _______________________

(11) 제 방에서 창문을 열면 창밖으로 산이 _______________________

(12) 엘리베이터에 탔어요. 전화가 갑자기 _______________________

(13) 내가 문을 잠가요. 문이 _______________________

(14) 카메라가 고장 난 것 같아요. 사진이 잘 안 _______________________

(15) 옛날에는 타자기를 많이 썼어요. 하지만 요즘은 타자기가 거의 안 _______________________

(16) 시험이 쉬운 것 같은데요. 문제가 잘 _______________________

(17) 경찰이 도둑을 잡아요. 도둑이 경찰에게 _______________________

(18) '열림' 버튼을 누르면 엘리베이터 문이 _______________________

(19) 눈이 나빠서 안경을 안 쓰면 잘 안 _______________________

(20) 휴대폰을 바꾸면서 전화번호가 _______________________

–아/어지다

〈보기〉와 같이 말해 봅시다.

〈보기〉 결혼 날짜가 _정해졌어요._
(정하다)

(1) 행복한 가정을 만들겠다는 그의 꿈이 _______________________
(이루다)

(2) 진실한 사랑은 쉽게 ___________________지 않는다.
(깨다)

(3) 첫 사랑이 쉽게 ___________________지 않는다.
(잊히다)

(4) 사랑하는 사람과 헤어지면 처음에는 마음이 _________________게 아프다.
(찢다)

(5) 한국에서는 부부가 행복하게 사는 것을 보고 깨가 ___________________다고 한다.
(쏟다)

(6) 시간이 지나면 활활 타오르던 사랑의 불길이 ___________________기 쉽다.
(끄다)

(7) 헤어진 사람을 생각할 때마다 마음이 아파서 눈물이 ___________________
(쏟다)

–아/어 있다

〈보기〉와 같이 문장을 완성해 봅시다.

> 〈보기〉 학생들이 아까 왔어요. 집에 안 갔어요.
> → 그러니까 지금 학생들이 와 있다는 거지요?

(1) ____

→ 그러니까 지금 수지 씨가 고향에 가 있다는 거지요?

(2) ____

→ 그러니까 지금 학생들이 교실에 들어가 있다는 거지요?

(3) ____

→ 그러니까 지금 아기가 깨어 있다는 거지요?

(4) ____

→ 그러니까 지금 컴퓨터가 켜져 있다는 거지요?

(5) ____

→ 그러니까 지금 주머니에 열쇠가 들어 있다는 거지요?

(6) ____

→ 그러니까 지금 칠판에 글씨가 쓰여 있다는 거지요?

날개 달기(뉴스 대본)

1. 사건·사고 뉴스에서 자주 사용하는 말을 알아봅시다.

"오늘 ○○에서는 ○○ 사건이 발생했습니다."

"이 사건을 ○○○ 기자가 전해 드리겠습니다."

취재했습니다.

보도합니다.

"목격자는 -다고 말했습니다."

-다고

"경찰은 -다는 사실을 밝혔습니다."

"경찰에 따르면 -다고 합니다."

"경찰은 -다고 말했습니다."

2. 위의 표현을 사용해서 뉴스를 써 봅시다.

〈앵커〉

〈기자〉

−으려다가1

〈보기〉와 같이 문장을 완성해 봅시다.

> 〈보기〉 길에 지갑이 떨어져 있었어요. <u>지갑을 가져가려다가</u> 그냥 뒀어요

(1) 빨리 가고 싶은데 신호등에 빨간 불이 켜져 있었어요. ______________________________

　　 신호가 바뀔 때까지 기다렸어요.

(2) 주변에 쓰레기통이 없었어요. ______________________________

　　 가방에 넣었어요.

(3) 동생이 잘못한 일을 엄마에게 말하고 싶은데 동생이 엄마에게 말하지 말라고 부탁했어요.

　　 ______________________________ 참았어요.

(4) 지하철에서 앉을 곳이 노약자석밖에 없었어요. ______________________________

　　 그냥 서서 갔어요.

(5) 무거운 짐을 든 친구를 봤어요. ______________________________

　　 친구를 도와줬어요.

(6) 도서관에서 한국어 듣기 CD를 빌렸는데 CD가 고장 났어요. ______________________________

　　 ______________________________ 반납할 때 도서관 직원에게 사실을 이야기했어요.

(7) ATM에서 돈을 찾으려고 하는데 다른 사람이 가져가지 않은 돈이 있었어요. ______________________________

　　 ______________________________ 은행 직원에게 말했어요.

–으려다가2

1. 오랜만에 친구를 만나서 반갑게 인사를 나눕니다. 빈칸을 채워서 대화를 완성해 봅시다.

혜라: 마이클 씨! 오랜만이에요. 휴가 잘 지냈어요?

마이클: 네, 정말 오랜만이에요. 저는 잘 지냈어요. 혜라 씨는 어때요?

혜라: 저도 잘 지냈어요. 참! 여행 잘 갔다 왔어요?
_______________________(느)ㄴ다고 했잖아요.

마이클: 아니요.

혜라: 왜요? 무슨 일이 있었어요?

마이클: _______________(으)려다가_______________아/어서 취소했어요.

혜라: 그래요? 여행을 못 가서 아쉽겠어요.

마이클: 네. 다음에는 꼭 갈 거예요. 혜라 씨는 잘 쉬었어요?
_______________________(느)ㄴ다고 했잖아요.

혜라: 아니요. 하루도 못 쉬었어요.

마이클: 네? 왜요?

혜라: _______________________(으)려다가_______________아/어서
휴가를 못 갔어요. 그래서 다음 주에 휴가를 내려고 해요.

마이클: 그럼 다음 주에는 정말로 푹 쉬세요.

혜라: 네. 그러려고 해요.

2. 대화를 만들어 봅시다.

   (1) 방학이 끝났습니다.

      가: 방학 때 아르바이트를 하려고 했습니다.

      나: 방학 때 운전을 배우려고 했습니다.

   (2) 대학 졸업 후 친구를 처음으로 만났습니다.

      가: 대학 졸업 후 유학을 가려고 했습니다.

      나: 대학 졸업 후 대학원에서 공부를 하려고 했습니다.

-을까 하다1

은퇴를 한 다음에 어떻게 살지 계획을 말해 봅시다.

1. 다음 질문에 답하면서 말하기를 준비해 봅시다.

  1) 은퇴 후에 누구하고 살 거예요?

    ① 부인/남편   ② 부인/남편과 자식들   ③ 친구(들)   ④ 혼자

  이유를 말해 보세요.

  2) 어디에서 살 거예요?

    ① 도시   ② 시골   ③ 외국   ④ 실버타운

  이유를 말해 보세요.

  3) 직장에서 은퇴를 한 후에도 일을 하고 싶어요?

    ① 네(3-1로 가세요.)   ② 아니요(3-2로 가세요.)

  3-1) 어떤 일을 하고 싶어요? 왜 하고 싶어요? 그 일을 하려면 어떤 준비가 필요해요?

  3-2) 일을 안 하면 무엇을 하고 싶어요? 왜 하고 싶어요? 어떤 준비가 필요해요?

2. '-을까 하다'를 이용해서 여러분의 은퇴 후 계획을 말해 보세요.

‑을까 하다2

〈보기〉와 같이 이야기해 봅시다.

> 〈보기〉 마음에 드는 옷이 있는데 너무 비싸요. 옷을 *살까 말까 해요.*

(1) 싼 값에 최신형 휴대폰으로 바꿔 준다고 해요. _______________

(2) 아파트에 사는데 위층이 너무 시끄러워요. _______________

(3) 시험이 있는데 친구가 같이 여행을 가자고 해요. _______________

(4) 마음에 드는 사람이 있어요. _______________

(5) 친구가 큰돈을 빌려 달라고 해요. _______________

(6) 아직 새 옷이지만 입기 싫은 옷이 있어요. _______________

(7) 친구하고 싸워서 말을 안 해요. _______________

(8) 친구가 소개팅을 해 준다고 해요. _______________

(9) 수영을 잘 못하는데 친구가 수영장에 가자고 해요. _______________

(10) 다이어트를 해야 하는데 삼겹살이 먹고 싶어요. _______________

(11) 내일이 시험인데 시험 준비를 다 못했어요. _______________

(12) 회사 일이 너무 힘들어요. _______________

날개 달기(사업 계획서)

'사업 계획서'를 준비해 봅시다. 더 생각해서 써 보세요.

1. 재미있거나 필요하다고 생각되는 사업을 생각해 봅시다.

1) 결혼 중개업

2) 강아지, 고양이 등 집에서 키우는 동물을 데려갈 수 있는 커피숍

3)

4)

5)

* 1)~5) 중에 하나를 선택하세요.

2. 사무실을 어떤 곳에 만들어야 할지 생각해 봅시다.

1) 젊은 사람들이 많은 곳

2) 교통이 편리한 곳

3)

4)

5)

3. 광고를 어떻게 할지 생각해 봅시다.

1) 신문에 광고하기

2) 서비스를 이용해 보고 좋은 점과 나쁜 점을 말해 줄 사람을 구하기

3)

4)

5)

-다 보니(까)

〈보기〉와 같이 이야기해 봅시다.

> 〈보기〉
>
> 가: 한국말을 잘하**시네요.**
>
> 나: 한국 친구들이랑 자주 이야기하**다 보니까** 한국말을 잘하게 **됐어요.**

칭찬	대답
〈보기〉 한국말을 잘하다	한국 친구들이랑 자주 이야기하다
노래를 잘 부르다	
한국 문화를 잘 알다	
요리를 잘하다	
피아노를 잘 치다	
한국어 발음이 좋다	
한국어로 글을 잘 쓰다	

–은/는 줄 알다/모르다1

그림을 보고 말해 봅시다.

최정은 씨

1. 그림을 보고 질문에 답해 봅시다.

> <질문>
>
> 정은 씨는 몇 살일 것 같아요?
>
> 정은 씨는 결혼을 했을 것 같아요?

2. 생각한 것과 다른 것을 말해 봅시다.

1) 정은 씨가 나이가 많은 **줄 몰랐어요. 어린 줄 알았어요.**

2) 정은 씨가 40대_______________________________________

____

3) 정은 씨가 결혼을 _______________________________________

____

4) 정은 씨가 아이 엄마_______________________________________

____

5) 정은 씨한테 아이가 셋이나 _______________________________________

____

6) 정은 씨가 아이를 셋이나 _______________________________________

____

최정은 씨

–은/는 줄 알다/모르다2

〈보기〉와 같이 대화를 만들어 봅시다.

〈보기〉

<마리엔>　　약속 시간이 넘었는데 대니가 안 와서 대니에게 전화를 합니다.

<대니>　　　일을 하느라고 약속을 잊어버리고 있었습니다.

- -

마리엔:　여보세요, 대니 씨? 저 마리엔이에요. 어디에 있어요?

대니:　　마리엔 씨, 저 사무실이에요.

마리엔:　왜 사무실에 있어요?

대니:　　네?

마리엔:　아까부터 대니 씨를 기다리고 있는데 아직도 사무실에 있어요?

대니:　　네? 지금 몇 시예요?

마리엔:　7시 반이에요.

대니:　　벌써요? 미안해요. 일을 하느라고 약속 시간이 다 **된 줄 몰랐어요.**

마리엔:　알았어요. 빨리 오세요.

대니:　　정말 미안해요. 빨리 갈게요. 잠깐만 기다리세요.

(1) 〈선생님〉　학생에게 숙제를 했는지를 물어봅니다.

　　〈학생〉　　숙제를 안 해 왔습니다. 숙제가 없다고 생각합니다.

(2) 〈가〉　약속 장소에 있는데 친구가 오지 않아서 친구에게 전화를 합니다.

　　〈나〉　친구를 기다리고 있는데 친구에게서 전화가 옵니다. 다른 곳에서 친구를 기다리고 있었습니다. 약속 장소가 바뀐 것을 몰랐습니다.

(3) 〈가〉　음식을 만들면서 아내/남편에게 간을 보라고 말했습니다. 음식을 만들면서 소금을 넣었다고 생각합니다.

　　〈나〉　남편이/아내가 음식을 만들었는데 간이 맞지 않습니다.

(4) 〈가〉　집에 들어갔는데 음식이 타는 냄새가 납니다.

　　〈나〉　가스 불 위에 찌개를 올려 놓고 잊어버렸습니다.

–을 줄 알다/모르다

〈보기〉와 같이 이야기해 봅시다.

〈보기〉 그 사람이 약속 시간에 1시간이나 늦게 왔어요.

→ 그 사람이 약속을 안 지킬 **줄 몰랐어요.**
→ 그 사람이 약속을 잘 지킬 **줄 알았어요.**

(1) 그 사람이 제 이야기도 안 들어 보고 화만 냈어요.

→
→

(2) 그 사람이 저한테 거짓말을 했어요.

→
→

(3) 그 사람이 제 생일을 잊어버렸어요.

→
→

(4) 그 사람이 제 비밀을 다른 사람에게 말해 버렸어요.

→
→

(5) 제가 도움이 필요할 때 저를 도와주지 않았어요.

→
→

날개 달기(선거 공약)

다음은 시민들이 정부에 원하는 것을 인터뷰한 것입니다.
다음을 읽고 대통령 후보의 공약을 만들어 봅시다.

내 집을 가지고 싶습니다.
집값이 너무 비싸서 언제쯤
내 집을 살 수 있을지
알 수가 없습니다.

경기도에 사는 30대 남성 회사원

아이를 키우면서 직장을 다니기
힘듭니다. 가격도 싸면서 아이를
안심하고 맡길 수 있는 어린이집이
있었으면 좋겠어요.

부산에 사는 30대 여성 회사원

기름값이 너무 비싸서 택시를
운전해도 버는 돈이 얼마 되지
않습니다. 기름 값을 좀 내려
주십시오.

대전에 사는 40대 남성 택시기사

등록금이 너무 비쌉니다.
부모님이 도와주시고 저도 아르바이트를 하지만
그래도 부담이 너무 큽니다. 등록금 문제!
꼭 해결해 주세요.

서울에 사는 20대 여성 대학생

취직하고 싶어요~!
일자리 좀 많이 만들어 주세요.

춘천에 사는 20대 남성 취업준비생

내년에는 은퇴를 해야 합니다.
아직 더 일하고 싶은데 노인이
일할 곳이 많지가 않아요.
아직 사회를 위해 할 수 있는 일이
많은 것 같은데……

강원도에 사는 60대 여성 회사원

–는다면서요/다면서요?1

1. 친구에게 할 말을 메모해 보세요.

저는 ________________에 한국에 왔어요.

제 고향은 ____.

저는 ________________________________으면서 한국말을 공부해요.

저는 ________________________________으려고 한국말을 공부해요.

저는 시간이 있을 때 ________________________________.

____

____

2. 〈보기〉와 같이 말해 보세요.

−는다면서요/다면서요?2

1. 여러분이 생각하는 재미있는 한국문화는 무엇입니까? 〈보기〉와 같이 쓰세요.

〈보기〉 한국에서는 어른하고 술을 마실 때 몸을 돌려서 마셔야 해요.

2. 여러분이 쓴 것을 친구에게 말해 주세요. 친구에게 들은 것을 메모하세요.

3. 〈보기〉와 같이 선생님에게 질문하세요.

〈보기〉 선생님, 한국에서는 어른하고 술을 마실 때 몸을 돌려서 마셔야 **한다면서요?**

-을 수밖에 없다

〈보기〉와 같이 대화를 만들어 봅시다.

〈보기〉

<아이> 엄마에게 장난감을 사 달라고 조릅니다.

<엄마> 장난감을 사 줄 수 없다고 말합니다. 이미 여러 번 안 된다고 말을 했습니다.

아이: 엄마, 저 장난감 사 주세요.

엄마: 집에 다른 장난감도 많이 있잖아.

아이: 그래도 사 주세요. 친구들이 다 저 장난감을 가지고 있어요.

엄마: 다른 친구들이 다 가지고 있다고 너도 가지고 있을 필요는 없잖아.

아이: 그래도 사 주세요.

엄마: 자꾸 그러면 엄마가 화를 **낼 수밖에 없어.**

---

(1)

〈아래층 사람〉 위층이 너무 시끄러워서 조용히 해 달라고 말합니다. 이미 여러 번 부탁을 했습니다.

〈위층 사람〉 아래층 사람이 조용히 해 달라고 하지만 시끄럽지 않다고 말합니다.

(2)

〈가게 주인〉 한 사람이 자꾸 우리 가게 앞에 차를 세웁니다. 주차를 하지 말라고 이미 여러 번 이야기를 했습니다.

〈차 주인〉 가게 주인이 가게 앞에 차를 세우지 말라고 하지만 자꾸 핑계를 댑니다.

(3)

〈엄마〉 아이가 용돈을 너무 많이 쓰는 것 같습니다. 용돈을 많이 쓰지 말라고 이미 여러 번 이야기를 했습니다.

〈아이〉 용돈을 다 써서 엄마에게 용돈을 달라고 합니다.

-아/어 봤자

〈보기〉와 같이 대화를 만들어 보세요.

> 〈보기〉 지하철에서 어떤 사람이 내 발을 밟았어요.
>
> 가: 왜 이렇게 화가 났어요?
>
> 나: 지하철에서 어떤 사람이 내 발을 밟았어요. 그런데 사과도 안 하고 그냥 가 버렸어요.
>
> 가: 정말 기분이 나빴겠어요. 하지만 커피 한잔하면서 잊어버리세요. 화를 **내 봤자** 기분만
>
> 나쁘잖아요.

(1) 친구하고 싸웠어요.

(2) 여자/남자 친구하고 헤어졌어요.

(3) 쇼핑을 너무 많이 했어요.

(4) 시험에 떨어질까 봐 걱정이 돼요.

–는다고요/다고요?

<가>	<나>
붕어빵에 붕어가 들어 있다. 미역국을 먹으면 시험에서 떨어진다. 밤에 휘파람을 불면 뱀이 나온다. 눈이 크면 겁이 많다.	빨간색으로 이름을 쓰면 안 좋은 일이 생긴다. 개구리가 울면 비가 온다. 귓불이 두꺼우면 부자가 된다. 휴대폰 통화를 오래 하면 두통이 생길 수 있다.
<가>	<나>
붕어빵에 붕어가 들어 있다. 미역국을 먹으면 시험에서 떨어진다. 밤에 휘파람을 불면 뱀이 나온다. 눈이 크면 겁이 많다.	빨간색으로 이름을 쓰면 안 좋은 일이 생긴다. 개구리가 울면 비가 온다. 귓불이 두꺼우면 부자가 된다. 휴대폰 통화를 오래 하면 두통이 생길 수 있다.
<가>	<나>
붕어빵에 붕어가 들어 있다. 미역국을 먹으면 시험에서 떨어진다. 밤에 휘파람을 불면 뱀이 나온다. 눈이 크면 겁이 많다.	빨간색으로 이름을 쓰면 안 좋은 일이 생긴다. 개구리가 울면 비가 온다. 귓불이 두꺼우면 부자가 된다. 휴대폰 통화를 오래 하면 두통이 생길 수 있다.
<가>	<나>
붕어빵에 붕어가 들어 있다. 미역국을 먹으면 시험에서 떨어진다. 밤에 휘파람을 불면 뱀이 나온다. 눈이 크면 겁이 많다.	빨간색으로 이름을 쓰면 안 좋은 일이 생긴다. 개구리가 울면 비가 온다. 귓불이 두꺼우면 부자가 된다. 휴대폰 통화를 오래 하면 두통이 생길 수 있다.

초급 3권

–을걸요

1. 〈보기〉와 같이 문장을 완성하세요.

〈보기〉

가: 휴가 때 바다에 갈까요?

나: 사람이 너무 많아서 __복잡할걸요.__

(1) 가: 주말에 자전거를 타러 갈까요?

　　나: 비가 _________________________

(2) 가: 점심에 낙지볶음을 먹을까요?

　　나: _________________________

(3) 가: 주말에 야구 경기를 보러 갈까요?

　　나: 표가 _________________________

(4) 가: 말론 씨한테 같이 가자고 할까요?

　　나: 지금은 일하느라고 _________________________

2. 말해 봅시다.

친구하고 같이 주말에 하고 싶은 일을 말하세요.

친구가 주말에 하자고 한 일을 하기 싫어요. 그 이유를 말하세요.

–는 대로(1)

직장에서는 어떤 부탁을 할까요? 문장을 완성해서 〈보기〉와 같이 말해 보세요.

1. (회의가/일이 끝나다) ______________________ 오세요.

2. (메일을 확인하다) ______________________ 연락 주세요.

3. (출근하다) ______________________ 본사에 연락을 하세요.

4. (도착하다) ______________________ 연락 주세요.

5. (회의 날짜/장소가 정해지다) ______________________ 알려 주세요.

6. (일을 마무리하다/일이 마무리되다) ______________________ 보고하세요.

7. (답변을 받다) ______________________ 보고하세요.

8. (될 수 있다) ______________________ 빨리 회의 자료를 보내 주세요.

〈보기〉

대니: 오늘 저녁에 정훈 씨하고 같이 술 한잔하기로 했어요. 마리엔 씨도 오세요.

마리엔: 저는 일이 좀 늦게 끝날 것 같은데요.

대니: 그럼 일이 끝나**는 대로** 오세요. 기다릴게요.

–는 대로(2)

다음 표현을 활용해서 〈보기〉와 같이 말해 보세요.

계획한 대로 모든 일이 잘될 수는 없을 거예요.

마음먹은 대로 모든 일이 잘될 수는 없을 거예요.

원하는 대로 모든 일이 잘될 수는 없을 거예요.

바라는 대로 모든 일이 잘될 수는 없을 거예요.

나쁜 일 다음에는 반드시 좋은 일이 생기니까 기다려 보세요.

노력했다는 게 중요한 거니까 너무 실망하지 마세요.

노력하면 언젠가는 꿈이 이루어질 테니까 포기하지 마세요.

다음에 더 좋은 기회가 생길 거니까 너무 속상해하지 마세요.

〈보기〉

가: 무슨 일 있어요? 표정이 안 좋아 보여요.

나: 시험에서 떨어져서 속상해요.

가: 속상하겠어요. 하지만 마음먹**은 대로** 모든 일이 잘될 수는 없을 거예요. 노력했다는 게
중요한 거니까 너무 실망하지 마세요.

–더니1

1. 〈보기〉와 같이 다음 표를 완성하세요.

	전에는	지금은
1	아침에는 비가 올 것 같았다	〈보기〉 날씨가 좋아요.
2	한나 씨가 예전에는 밥을 잘 먹었다	
3	준호 씨가 예전에는 술을 자주 마셨다	
4	혜라 씨가 시험 전에는 밤늦게까지 공부를 했다	
5	친구가 어렸을 때는 날씬했다	
6	지난달에는 채소 값이 쌌다	
7		
8		
9		
10		

2. 〈보기〉와 같이 이야기해 봅시다.

〈보기〉 아침에는 비가 올 것 같**더니** 지금은 날씨가 좋아요.

−더니2

〈보기〉와 같이 표를 완성하고 대화를 만들어 보세요.

〈보기〉	예전에는	요즘에는
	아주 밝다	우울해 보이다

가: 정훈 씨한테 무슨 일이 있었어요? 예전에는 아주 밝**더니** 요즘에는 우울해 보여요.

나: 여자 친구하고 헤어졌다고 해요.

가: 그래서 우울해 보였군요. 빨리 예전의 모습으로 돌아왔으면 좋겠네요.

(1)

예전에는	요즘에는
매일 지각하다	

(2)

예전에는	요즘에는
소연 씨하고 같이 다니다	

(3)

예전에는	요즘에는
항상 웃다	

(4)

예전에는	요즘에는
표정이 심각해 보이다	

–기보다는

〈보기〉와 같이 더 좋은 방법을 말해 보세요.

황사가 올 때는 외출을 하지 않는 것이 좋습니다.

〈보기〉 밖에서 운동을 할까 했는데 황사가 온다고 해요. 밖에서 운동을 하**기보다는** 집에서 쉬어야겠어요.

여름에 에어컨을 너무 세게 틀어서 안과 밖의 기온 차가 크면 냉방병에 걸릴 수 있습니다.

(1) 에어컨을 살까 했는데 에어컨 때문에 냉방병에 걸릴 수 있다고 해요.

____ 선풍기를 사용해야겠어요.

단풍 구경을 하려는 관광객이 크게 늘어 휴일 고속도로가 계속 정체되고 있습니다.

(2) ____

____

잠을 자도 피곤할 때는 가벼운 운동을 하는 것이 좋습니다.

(3) ____

____

여름휴가를 바다에서 보내려는 사람들로 해변이 가득 찼습니다.

(4) ____

____

-을지도 모르다

다음 글을 읽고 〈보기〉와 같이 말해 보세요.

만성피로

잠을 자도 계속 피곤하다.

기억력이 예전에 비해 많이 떨어졌다.

머리가 아프거나 어지러운 증상이 계속된다.

소화가 잘 안 되고 속이 답답하다.

잠을 푹 자지 못한다.

〈보기〉 잠을 자도 계속 피곤하**다면** 만성피로**일지도 몰라요.**

게임 중독

게임을 하지 못해서 화가 난다.

게임을 하다가 소리를 지르는 경우가 자주 있다.

꼭 해야 할 일이 없으면 게임을 하는 데 대부분의 시간을 보낸다.

게임을 하는 것 때문에 가족들과 싸우는 일이 생긴다.

게임을 하느라고 밥을 먹지 않거나 잠을 자지 않는다.

우울증

일에 집중을 하지 못한다.

일에 흥미가 생기기 않는다.

과식을 하거나 반대로 입맛이 없다.

쉽게 피곤해진다.

자신이 밉다.

–다가는

1. 〈보기〉와 같이 환경을 오염시킬 수 있는 행동을 생각해 봅시다.

> 〈보기〉
>
> 일회용품을 많이 쓰다.
>
> 물을 낭비하다.
>
> 종이를 많이 쓰다.
>
> 농약과 살충제를 많이 사용하다.
>
> 석유를 낭비하다.

2. 〈보기〉와 같이 환경이 오염되면 생길 수 있는 일을 생각해 봅시다.

> 〈보기〉
>
> 물을 쓸 수 없다.
>
> 지구에서 살 수 없다.
>
> 땅이 오염되다.
>
> 석유가 모자라다.
>
> 나무가 사라지다.

3. 위의 두 내용을 활용하여 〈보기〉와 같이 말해 봅시다.

〈보기〉 일회용품을 많이 쓰**다가는** 지구에서 살 수 없게 될지도 몰라요.

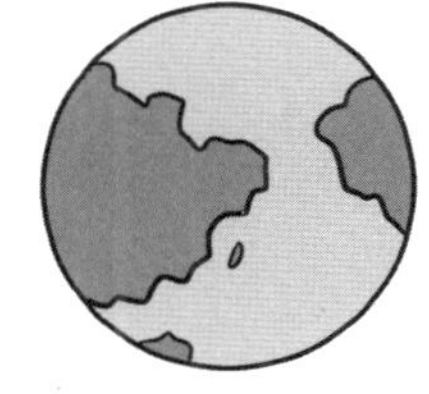

–고 말다

다음 이야기를 읽그 '–고 말다'를 활용해서 이야기를 완성해 봅시다.

옛날 어느 마을에 양치기 소년이 살았습니다. 어느 날 소년은 너무 심심해서 거짓말로 '늑대가 나타났다'고 크게 소리를 쳤습니다. 깜짝 놀란 마을 사람들이 소년의 말을 듣고 모두 달려왔습니다. 이것이 재미있어진 소년은 여러 번 거짓말을 해서 사람들을 놀라게 했습니다. 하지만 진짜로 늑대가 나타났을 때는 아무도 소년을 도와주지 않았습니다. 소년은 거짓말을 하다가 사람들의 신뢰를 ______________________________.

어느 날 개가 고기를 입에 물고 다리를 건너고 있었습니다. 다리를 건너다가 다리 아래를 보니까 개 한 마리가 고기를 입에 물고 다리 위에 서 있었습니다. 개는 다른 개가 가진 고기를 가지고 싶다는 욕심이 생겼습니다. 그래서 그 개를 향해서 '멍멍' 하고 큰 소리로 짖었습니다. 개가 입을 여는 순간 고기가 입에서 떨어져 물속으로 빠지고 말았습니다. 개는 욕심을 부리다가 ______________________________.

어느 여름날, 아버지와 아들이 당나귀를 팔려고 시장에 가고 있었습니다. 길에서 만난 사람들이 아버지와 아들을 보고 힘드니까 당나귀를 타고 가라고 말했습니다. 그 말을 듣고 아버지와 아들은 당나귀를 탔습니다. 길을 가다가 또 다른 사람들을 만났는데 당나귀가 너무 힘들겠다며 당나귀가 불쌍하다고 말했습니다. 그 말을 들은 아버지와 아들이 이번에는 당나귀를 메고 갔습니다. 아버지와 아들 때문에 너무 지친 당나귀는 그만 죽고 말았습니다. 아버지와 아들은 다른 사람들의 말만 듣다가 당나귀를 ________ ______________________________.

–더라도1

1. 한국어를 공부하는 다른 친구들의 고민을 읽어 보세요.

(1) 한국어로 말을 하다가 틀리는 게 너무 창피해요.

(2) 한국어로 말을 하는 데 자신이 없어요.

(3) 공부하는 게 힘들어서 포기하고 싶어요.

(4) 공부하는 시간을 내기가 힘들어요.

(5) 한국 사람들하고 말하기가 부끄러워요.

2. 〈보기〉와 같이 고민을 가진 친구들을 격려하는 말을 해 주세요.

〈보기〉

(1) 틀리**더라도** 창피해하지 마세요. 실수하면서 배우는 거예요.

(2) 자신이 없**더라도** 크게 말하세요.

(3) ____

(4) ____

(5) ____

–더라도2

1. 〈보기〉와 같이 여러분에게 재미있었던 한국 문화를 생각해 보세요.

〈보기〉

한국에서는 집에 들어갈 때 신발을 벗잖아요. 한국에 와서 이 모습을 보고 처음에는 조금 놀랐어요.

2. 여러분의 고향 친구에게 〈보기〉와 같이 말해 주세요.

〈보기〉

한국에서는 집안에서 신발을 벗고 생활해요. 그래서 한국에서는 집에 들어갈 때 신발을 벗어야 해요. 이것을 보**더라도** 이상하다고 생각하지 마세요.

3. 자기 나라의 문화와 다른 문화를 경험할 때 어떻게 해야 하는지 〈보기〉와 같이 이야기해 보세요.

〈보기〉

다른 나라의 문화가 자기 나라의 문화와 다르**더라도** 그것을 이상하게 생각하거나 싫어하는 것은 별로 안 좋은 태도예요. 문화의 차이를 인정하고 받아들이는 게 중요해요.

–았/었던

지금까지 살면서 가장 행복했던 때와 가장 슬펐던 때는 언제입니까? 함께 이야기해 봅시다.

1. 인생의 그래프를 그려 보세요.

    (1) 가로 축에 나이를 표시하세요. (5살, 10살, 15살, 20살…)

    (2) 가장 행복했던 순간에 가장 높게 점을 찍으세요.

    (3) 가장 슬펐던 순간에 가장 낮게 점을 찍으세요.

    (4) 다른 순간에 여러분이 얼마나 행복했는지, 그 정도를 점으로 표시하세요.

    (5) 점을 모두 연결하세요.

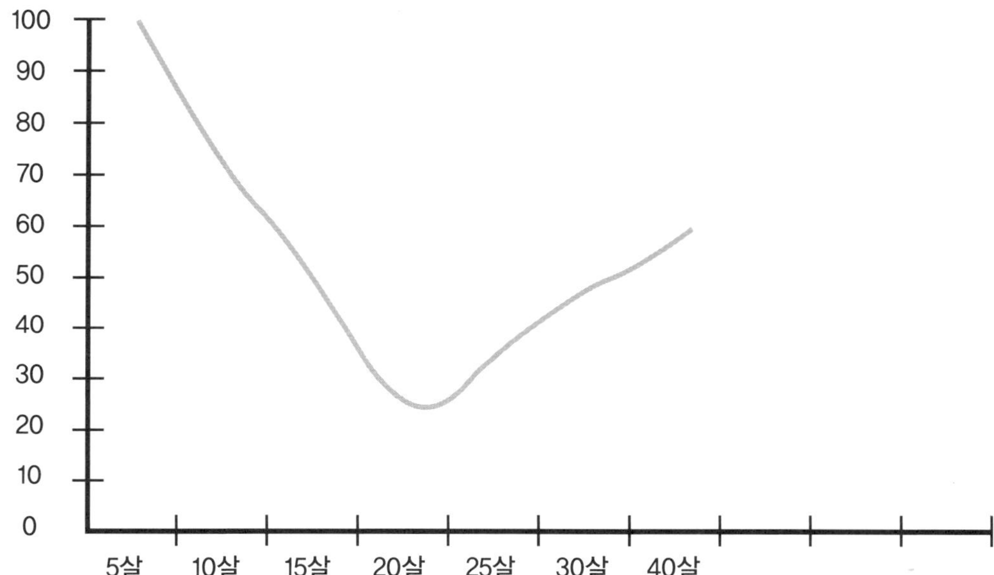

2. 다른 사람에게 그래프의 의미를 설명해 보세요. '5살, 10살, 15살, 20살…'에 여러분이 얼마나 행복했는지 또는 슬펐는지, 그 이유는 무엇인지 이야기해 보세요.

-든지

〈보기〉와 같이 말해 보세요.

〈보기〉

어떤 음식을 먹든지 항상 맛있게 드세요.
누구를 만나든지 __항상 웃으세요.__

(1) _________________________ 그 사람에게 필요한 물건을 선물하세요.

(2) _________________________ 그곳 사람들과 친구가 되세요.

(3) _________________________ 열심히 배우세요.

(4) _________________________ 그 사람의 이야기를 잘 들어주세요.

(5) _________________________ 먼저 인사를 하세요.

(6) _________________________ 약속 시간을 잘 지키세요.

(7) 어떤 일을 하든지 _________________________

(8) 어떤 옷을 입든지 _________________________

(9) 어디에 가든지 _________________________

(10) 어떤 상황에 있든지 _________________________

(11) 어떤 물건을 사든지 _________________________

(12) 얼마를 벌든지 _________________________

-은/는데도

1. 빈칸을 채워 고민을 말해 보세요.

(1) 공부를 열심히 하는데도 <u>한국어 실력이 빨리 늘지 않아요.</u>

(2) 운동을 자주 하는데도 ___________________

(3) 돈을 버는데도 ___________________

(4) 열심히 준비했는데도 ___________________

(5) 아이한테 여러 번 말을 했는데도 ___________________

2. 위의 고민을 해결할 수 있는 방법을 말해 보세요.

(1) <u>너무 급하게 생각하지 마세요. 열심히 노력하면 점점 더 실력이 좋아질 테니까요.</u>

(2) ___________________

(3) ___________________

(4) ___________________

(5) ___________________

3. 짝과 함께 고민과 해결 방법을 이야기해 보세요.

여러분의 고민은 무엇입니까?	친구는 여러분의 고민에 대해서 어떤 해결 방법을 이야기했습니까?
친구의 고민은 무엇입니까?	친구의 고민에 대해서 어떤 해결 방법을 이야기했습니까?

이라도

여러분은 사랑하는 사람을 위해 어떤 일을 해 줄 수 있습니까? 〈보기〉와 같이 쓰고 말해 보세요.

〈보기〉 언제**라도** 네가 부르면 달려갈게.

네가 부탁하면 어떤 부탁**이라도** 들어줄게.

네가 원하면 하늘에 있는 별**이라도** 따 줄게.

어디**라도** 네가 가자고 하면 같이 갈게.

–던데요

〈보기〉와 같이 대화를 완성해서 말해 보세요.

〈보기〉

가: 중국어를 한국어로 번역할 사람이 필요한데 사람을 찾기가 쉽지 않아요.

나: 왕강 씨한테 한번 말해 보세요. <u>저번에 보니까 왕강 씨가 한국어로 글을 아주 잘 쓰던데요.</u>

(1) 가: 출장을 가야 하는데 강아지를 부탁할 만한 사람이 없을까요?

　　나: 소연 씨한테 한번 부탁해 보세요. 저번에 소연 씨 집에 가서 보니까 소연 씨가 강아지를 정말

　　____

(2) 가: 이번 수료식에서 학생 대표로 인사를 할 사람이 필요한데 누가 좋을까요?

　　나: ____

　　____

(3) 가: 영어를 가르쳐 줄 선생님이 필요한데 혹시 주변에 적당한 사람 없어요?

　　나: ____

　　____

(4) 가: 필리핀 지사에서 일할 사람을 보내야 하는데 누가 좋을까요?

　　나: ____

　　____

(5) 가: 집들이를 해야 하는데 혼자서 요리를 다 할 자신이 없어요.

　　나: ____

　　____

–았/었더니

1. 친구에게 정말 고마웠던 적이 있어요? 질문에 답하면서 말하기를 준비해 보세요.

〈보기〉

(1) 무슨 일이 있었어요? <u>노트북을 잃어버렸어요.</u>

(2) 누구에게 어떻게 말했어요? <u>수지 씨한테 노트북을 잃어버렸다고 했어요.</u>

(3) 친구가 어떻게 했어요? <u>같이 걱정을 해 줬어요. 그리고 수지 씨 노트북을 저한테 빌려 줬어요.</u>

(1) 무슨 일이 있었어요? ____

(2) 누구에게 어떻게 말했어요? ____

(3) 친구가 어떻게 했어요? ____

2. 준비한 내용으로 말해 보세요.

〈보기〉

제가 예전에 노트북을 잃어버린 적이 있거든요. 그때 제가 노트북을 잃어버렸**다고 했더니** 수지 씨가 같이 걱정을 해 줬어요. 그리고 수지 씨 노트북을 저한테 빌려 줬어요. 그때 수지 씨한테 참 고마웠어요.

3. 친구에게 섭섭했던 일이 있어요? 어떤 일이 있었는지 이야기해 보세요.

–나 보다/–은가 보다

〈보기〉와 같이 이야기해 봅시다.

> 〈보기〉 친구가 여행을 다녀왔습니다.
>
> 가: 여행 잘 다녀왔어요?
> 나: 네, 정말 재미있었어요. 경치도 아름다웠고, 사람들도 친절했어요.
>   음식도 제 입에 딱 맞았어요.
> 가: 그래요? 정말 재미있었**나 봐요**. 저도 한번 가 보고 싶어지네요.

(1) 친구가 새 집으로 이사를 했습니다.

(2) 친구가 새로운 동호회에 들어갔습니다.

(3) 친구가 소개팅을 했습니다.

(4) 친구가 시험을 봤습니다.

-는 바람에

〈보기〉와 같이 이야기해 봅시다.

〈보기〉

〈가〉 약속에 늦었습니다. 이유를 말하고 사과를 하세요.

〈나〉 친구의 사과를 받으세요.

가: 제가 많이 늦었지요? 정말 미안해요.

나: 무슨 일이 있었을까 봐 걱정했어요.

가: 버스를 잘못 타**는 바람에** 늦었어요.

나: 그래요? 많이 안 늦어서 다행이에요. 이제 밥 먹으러 가요.

(1) 〈가〉 친구에게 연락을 하기로 했는데 연락을 못 했습니다. 이유를 말하고 사과를 하세요.
　　 〈나〉 친구의 사과를 받으세요.

(2) 〈가〉 모임에 못 나갔습니다. 이유를 말하고 사과를 하세요.
　　 〈나〉 친구의 사과를 받으세요.

(3) 〈가〉 회의 중에 잠깐 나갔다 왔습니다. 이유를 말하고 사과를 하세요.
　　 〈나〉 동료의 사과를 받으세요.

–은/는 대신(에)

〈보기〉와 같이 쓰고 말해 보세요.

〈보기〉 은행에서

가: 저희 은행에서 이번에 새로운 신용카드를 만들었는데 소개해 드릴까요?

나: 신용카드는 지금 당장 돈이 없어도 물건을 살 수 있으니까 돈을 더 많이 쓰게 되는 것 같아요.

가: 그러면 신용카드 **대신에** 체크카드를 만드시는 게 어떨까요? 체크카드는 통장에 돈이 있어야만 카드를 쓸 수 있으니까 도움이 되실 것 같은데요.

(1) 옷 가게에서

가: 이 옷을 입어 보시겠어요? 요즘 유행하는 스타일이거든요.

나: 몸에 딱 붙는 청바지를 입으면 뚱뚱해 보이는 것 같아요.

가: 그러면 바지 대신에 치마를 입어 보시는 게 어떨까요? ______________________

____ .

(2) 가전제품 판매점에서

가: 이 제품이 요즘 인기가 많은데요. 한번 보시겠어요?

나: 아니요, 저는 강의실이나 도서관에서 인터넷을 쓸 일이 많아요.

가: 그러면 데스크탑 대신에 ______________________________________

____ .

(3) 여행사에서

가: 유럽 여행 상품이 아주 싸게 나왔는데 소개해 드릴까요?

나: 유럽은 저번에 다녀왔어요.

가: 그러면 유럽 대신에 ____

____ .

–기만 하다

〈보기〉와 같이 대화를 완성해서 말해 봅시다.

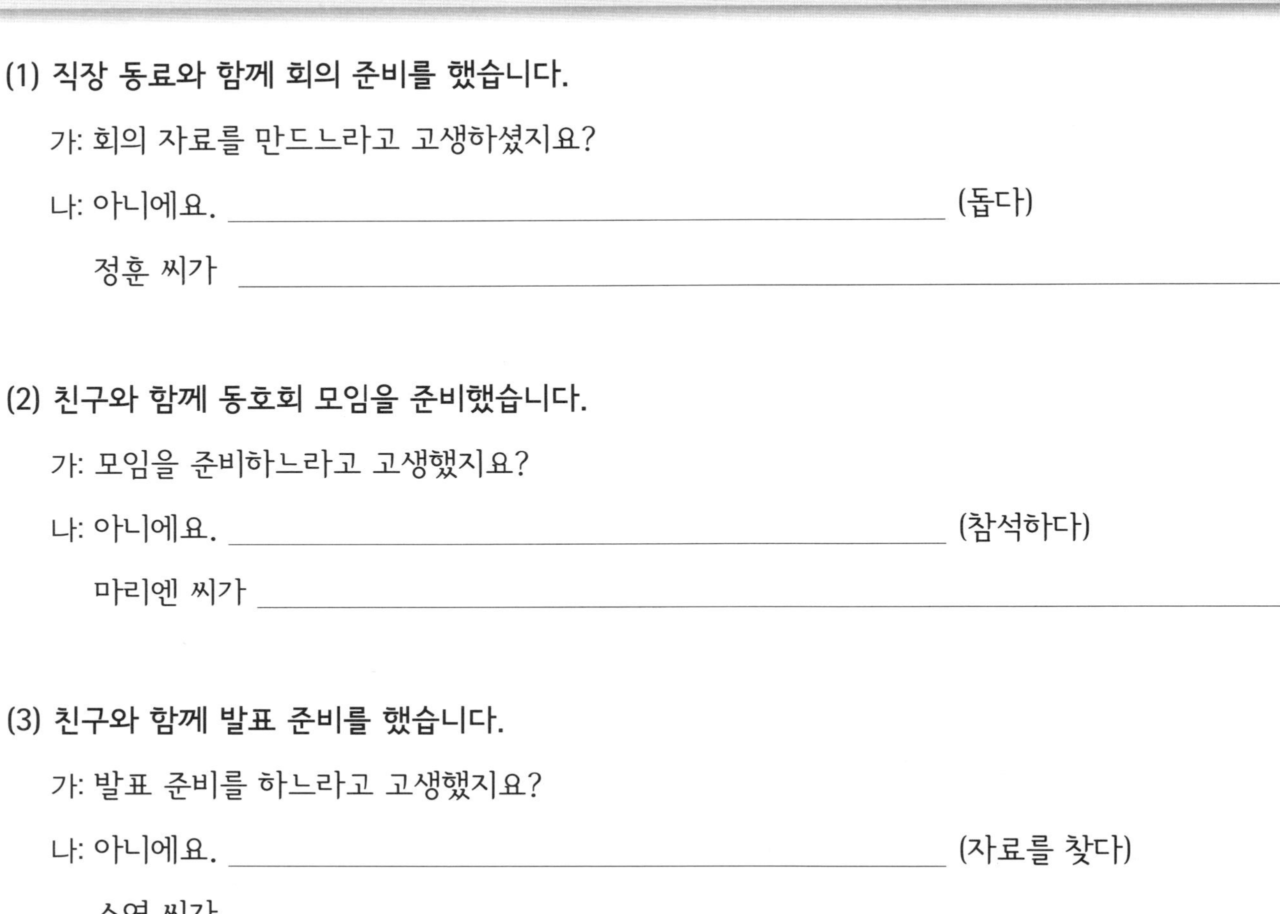

〈보기〉 친구와 함께 파티 음식을 준비했습니다.

가: 음식 하느라고 고생했지요?

나: 아니에요. <u>저는 맛을 보기만 했어요.</u> 은주 씨가 <u>음식을 아주 잘하던데요.</u>
　　　(맛을 보다)

(1) 직장 동료와 함께 회의 준비를 했습니다.

가: 회의 자료를 만드느라고 고생하셨지요?

나: 아니에요. ________________________________ (돕다)

　정훈 씨가 ________________________________

(2) 친구와 함께 동호회 모임을 준비했습니다.

가: 모임을 준비하느라고 고생했지요?

나: 아니에요. ________________________________ (참석하다)

　마리엔 씨가 ________________________________

(3) 친구와 함께 발표 준비를 했습니다.

가: 발표 준비를 하느라고 고생했지요?

나: 아니에요. ________________________________ (자료를 찾다)

　소연 씨가 ________________________________

(4) 어머니와 함께 집들이 음식을 준비했습니다.

가: 음식하느라고 고생했지요?

나: 아니에요. ________________________________ (가르쳐 주신 대로 하다)

　어머니께서 ________________________________

-을 리가 없다1

〈보기〉와 같이 이야기해 봅시다.

〈보기〉 친구가 자기가 만든 음식이 맛이 없을까 봐 걱정하고 있습니다.

가: 이거 좀 먹어 볼래요?

나: 아주 맛있겠어요.

가: 아니에요. 열심히 한다고 했는데 맛이 있을지 모르겠어요.

나: 걱정하지 마세요. 수지 씨가 만든 요리라면 맛이 없**을 리가 없어요.**

(1) 친구가 시험에 떨어질까 봐 걱정하고 있습니다.

(2) 친구가 말하기 시험에서 실수를 할까 봐 걱정하고 있습니다.

(3) 친구가 발표를 잘 못 할까 봐 걱정하고 있습니다.

―을 리가 없다2

〈보기〉와 같이 대화를 완성해서 말해 봅시다.

〈보기〉

가: 그 친구가 저한테만 약속 장소를 안 알려 줬어요.

나: 일부러 그런 것은 아닐 거예요. 소연 씨가 오는 줄 몰랐을 거예요. 알았으면 안 알려 줬**을 리가 없어요**. 다음에 만나면 한번 물어보세요.

(1)

가: 저를 본 것 같은데 인사도 안 하고 그냥 갔어요.

나: ____

____

(2)

가: 제 말을 다 듣지도 않고 전화를 끊어 버렸어요.

나: ____

____

(3)

가: 제가 불렀는데 대답을 안 했어요.

나: ____

____

–은/는/을 만큼

여러분은 친구, 가족, 애인을 얼마나 사랑합니까? 사랑을 고백해 봅시다.

> 〈보기〉 엄마, 엄마를 하늘**만큼** 땅**만큼** 사랑해요.
>
> 아버지, 세상에 아버지**만큼** 제가 존경하는 사람은 없어요.
>
> 친구야, 너한테는 모든 비밀을 말할 수 있**을 만큼** 너를 믿는다.
>
> ○○ 씨, 당신을 위해 무슨 일이라도 할 수 **있을 만큼** 당신을 사랑합니다.

-기는커녕

1. 〈보기〉와 같이 우리 반 친구에 대한 소문을 만들어 봅시다.

이름	소문
〈보기〉 말론	술을 아주 잘 마신다고 해요.
〈보기〉 수지	한국어능력시험을 아주 잘 봤다고 해요.

2. 〈보기〉와 같이 말해 보세요.

〈보기〉

가: 말론 씨, 술을 아주 잘 마신다면서요?

나: 네? 아니에요. 술을 잘 마시**기는커녕** 한 잔만 먹어도 얼굴이 빨개져요.

가: 수지 씨, 한국어능력시험을 아주 잘 봤다면서요?

나: 네? 아니에요. 시험을 잘 보**기는커녕** 합격만 했으면 좋겠는데요.

–은/는 척하다1

1. 마음에 드는 사람에게 잘 보이려고 하는 행동은 무엇이 있을까요? 〈보기〉처럼 생각해서 말해 봅시다.

〈보기〉 그 사람의 이야기가 아주 재미있는 **척해요.**

(1) ______________________________

(2) ______________________________

(3) ______________________________

(4) ______________________________

(5) ______________________________

2. 다른 사람을 좋아하는 마음을 들키지 않으려고 하는 행동은 무엇이 있을까요? 〈보기〉처럼 생각해서 말해 봅시다.

〈보기〉 좋아하는 마음을 들킬까 봐 관심이 없는 **척해요.**

(1) ______________________________

(2) ______________________________

(3) ______________________________

(4) ______________________________

(5) ______________________________

–은/는 척하다2

다음 글을 읽고 '–는 척하다'를 사용해서 이야기를 완성해 봅시다.

늘대는 할머니 옷을 쓰고 할머니 목소리를 냈습니다. 빨간 두건이 자기를 할머니라고 생각하게 하려고

____

____

친구가 자기 혼자 나무 위로 몸을 피하자 다른 친구는 땅에 엎드렸습니다. 곰은 죽은 사람을 공격하지 않는다는 말이 생각나서 _______________________________

____

거짓말쟁이는 나쁜 사람에게는 옷이 안 보인다고 거짓말을 했습니다. 왕은 거짓말쟁이가 자기를 속이는 줄도 모르고 나쁜 사람이라는 말이 듣기 싫어서 옷이

____

____

–기는 해도

〈보기〉와 같이 대화를 완성해서 이야기해 봅시다.

〈보기〉

가: 아직도 퇴근을 안 했어요?

나: <u>네. 내일 회의 때문에 할 일이 너무 많아요.</u>

가: 제가 좀 도와줄까요?

나: <u>고맙습니다. 하지만 괜찮아요. 시간이 걸리**기는 해도** 제 시간 안에 끝낼 수 있을 것 같아요.</u>

가: 그래요? 그럼 너무 무리하지 말고 얼른 들어가세요.

나: <u>네, 정훈 씨도 잘 쉬세요.</u>

(1) 가: 어디 아파요?

　　나: ＿＿＿＿＿＿＿＿＿＿＿＿＿＿＿＿＿＿＿＿

　　가: 병원에 가야 되지 않아요?

　　나: ＿＿＿＿＿＿＿＿＿＿＿＿＿＿＿＿＿＿＿＿

　　가: 그럼 일찍 퇴근해서 푹 쉬세요.

　　나: ＿＿＿＿＿＿＿＿＿＿＿＿＿＿＿＿＿＿＿＿

(2) 가: 뭐 하고 있어요?

　　나: ＿＿＿＿＿＿＿＿＿＿＿＿＿＿＿＿＿＿＿＿

　　가: 저도 그 근처에 가는데 차로 데려다 줄까요?

　　나: ＿＿＿＿＿＿＿＿＿＿＿＿＿＿＿＿＿＿＿＿

　　가: 그래요, 그럼 친구하고 좋은 시간 보내세요.

　　나: ＿＿＿＿＿＿＿＿＿＿＿＿＿＿＿＿＿＿＿＿